D0515936

Rolf Dobelli
Die Kunst des klaren Denkens

Rolf Dobelli

DIE KUNST DES KLAREN DENKENS

52 Denkfehler, die Sie besser anderen überlassen

Mit Illustrationen von Birgit Lang

Die in diesem Buch veröffentlichten Texte Rolf Dobellis sind im Zeitraum vom 5. September 2010 bis zum 29. August 2011 als wöchentliche Beiträge in der *Frankfurter Allgemeinen Zeitung* und in der *Schweizer SonntagsZeitung* erschienen.

Website und E-Mail-Adresse des Autors:
www.dobelli.com
rolf@dobelli.com

Bibliografische Information der Deutschen Nationalbibliothek
Die Deutsche Nationalbibliothek verzeichnet diese Publikation in der Deutschen Nationalbibliografie; detaillierte bibliografische Daten sind im Internet über http://dnb.d-nb.de abrufbar.

6 7 8 9 10   15 14 13 12 11

© 2011 Carl Hanser Verlag München
Internet: http://www.hanser-literaturverlage.de
Lektorat: Martin Janik
Herstellung: Stefanie König
Umschlaggestaltung: Birgit Schweitzer, unter Verwendung einer Fotografie von © Photolibrary/Corbis
Illustrationen: Birgit Lang, Hamburg
Satz: Presse- und Verlagsservice, Erding
Druck und Bindung: Friedrich Pustet, Regensburg
Printed in Germany
ISBN 978-3-446-42682-5

INHALT

VORWORT

Angefangen hat alles an einem Abend im Herbst 2004. Auf Einladung des Verlegers Hubert Burda war ich nach München gereist, um an einem, wie es hieß, »ungezwungenen Austausch mit Intellektuellen« teilzunehmen. Nie zuvor hatte ich mich als »Intellektueller« wahrgenommen (ich habe BWL studiert und bin Unternehmer geworden – also das Gegenteil eines Intellektuellen), doch ich hatte zwei Romane veröffentlicht, und das genügte offenbar.

Am Tisch saß Nassim Nicholas Taleb, damals ein obskurer Wall-Street-Trader mit Hang zur Philosophie. Ich wurde ihm vorgestellt als Kenner der englischen und schottischen Aufklärung – speziell David Hume. Man hatte mich ganz offensichtlich verwechselt. Ich sagte nichts, lächelte etwas unsicher in die Runde und ließ die so entstandene Pause als Beleg meiner enormen Philosophiekenntnisse wirken. Sofort zog Taleb einen freien Stuhl zu sich hin und hieß mich, die Sitzfläche tätschelnd, darauf Platz zu nehmen. Zum Glück schwenkte das Gespräch nach wenigen Sätzen von Hume zur Wall Street, wo ich wenigstens mithalten konnte. Wir amüsierten uns über die systematischen Fehler, die CEOs machten, ohne uns selbst auszunehmen. Wir redeten über die Tatsache, dass unwahrscheinliche Ereignisse rückblickend betrachtet viel wahrscheinlicher erscheinen. Wir lachten darüber, dass Anleger sich bei Kursen unter dem Einstandspreis kaum von ihren Aktien trennen können.

In der Folge schickte er mir Manuskriptseiten, die ich kommentierte, teilweise kritisierte, und die sich zum Weltbestseller *Der Schwarze Schwan* fügten. Das Buch katapultierte Taleb in die Liga der intellektuellen Weltstars. Mit wachsendem intellektuellem Hunger verschlang ich die »Heuristics-and-Biases«-Literatur. Parallel dazu verstärkte sich der Austausch mit einer Vielzahl von Leuten, die man als amerikanische Ostküsten-Intelligenzija bezeichnen könnte. Jahre später realisierte ich, dass ich neben meinem Job als Schriftsteller und Unternehmer ein veritables Studium der sozialen und kognitiven Psychologie absolviert hatte.

Denkfehler, so wie ich den Begriff hier verwende, sind systematische Abweichungen zur Rationalität, zum optimalen, logischen, vernünftigen Denken und Verhalten. Das Wort »systematisch« ist wichtig, weil wir oft in dieselbe Richtung irren. Zum Beispiel kommt es viel häufiger vor, dass wir unser Wissen überschätzen, als dass wir es unterschätzen. Oder die Gefahr, etwas zu verlieren: Sie bringt uns viel schneller auf Trab als die Aussicht, etwas zu gewinnen. Ein Mathematiker würde von einer »skewed« (asymmetrischen) Verteilung unserer Denkfehler sprechen. Ein Glück: Die Asymmetrie macht die Fehler manchmal vorhersehbar.

Um das Vermögen, das ich im Lauf meiner schriftstellerischen und geschäftlichen Tätigkeit angehäuft hatte, nicht leichtfertig zu verspielen, begann ich, eine Liste der systematischen Denkfehler samt Notizen und persönlichen Anekdoten anzulegen. Ohne Absicht, diese jemals zu veröffentlichen. Ich tat dies ganz für mich allein. Bald merkte ich, dass mir diese Liste nicht nur im Bereich der Geldanlage von Nutzen war, sondern auch im Geschäfts- und Privatleben. Das Wissen um die Denkfehler machte mich ruhiger und besonnener: Ich erkannte meine eigenen Denkfallen frühzeitig und konnte sie abwenden, bevor sie großen Schaden angerichtet hatten. Und ich verstand zum ersten Mal, wenn andere unvernünftig handelten, und konnte ihnen gewappnet begegnen – vielleicht sogar mit einem Vorteil. Aber vor allem war damit das Gespenst der Irrationalität gebannt – ich hatte Kategorien, Begriffe und Erklärungen zur Hand, um es zu verscheuchen. Blitz und Donner sind seit Benjamin Franklin nicht seltener, schwächer oder leiser geworden, aber weniger angsteinflößend – und so geht es mir seither mit der eigenen Unvernunft.

Bald begannen sich Freunde, denen ich davon erzählte, für mein kleines Kompendium zu interessieren. Dieses Interesse führte zu einer wöchentlichen Kolumne in der *Frankfurter Allgemeinen Zeitung* und in der Schweizer *SonntagsZeitung*, zu unzähligen Vorträgen (vorwiegend vor Ärzten, Investoren, Aufsichtsräten und CEOs) und schließlich zu diesem Buch. Voilà. Sie halten es nun in der Hand – nicht Ihr Glück, so doch zumindest eine Versicherung gegen allzu großes selbst verschuldetes Unglück.

Rolf Dobelli, 2011

THE SURVIVORSHIP BIAS

Warum Sie Friedhöfe besuchen sollten

Egal, wo Reto hinschaut, überall sieht er Rockstars. Sie treten im Fernsehen auf, auf den Titelseiten der Illustrierten, in Konzertprogrammen und auf den Fan-Pages im Internet. Ihre Songs sind unüberhörbar – im Einkaufszentrum, auf der eigenen Playlist, im Fitnessstudio. Die Rockstars sind da. Es sind viele. Und sie haben Erfolg. Animiert vom Erfolg zahlloser Gitarrenhelden gründet Reto eine Band. Wird er es je schaffen? Die Wahrscheinlichkeit liegt eine Haaresbreite über null. Wie so viele wird er vermutlich auf dem Friedhof der gescheiterten Musiker landen. Diese Begräbnisstätte zählt 10.000-mal mehr Musiker als die Showbühne, doch kein Journalist interessiert sich für die Gescheiterten – mit Ausnahme der heruntergefallenen Stars. Dies macht den Friedhof für Außenstehende unsichtbar.

Survivorship Bias (deutsch etwa: Überlebensirrtum) bedeutet: Weil Erfolge größere Sichtbarkeit im Alltag erzeugen als Misserfolge, überschätzen Sie systematisch die Aussicht auf Erfolg. Als Außenstehender erliegen Sie (wie Reto) einer Illusion. Sie verkennen, wie verschwindend gering die Erfolgswahrscheinlichkeit ist. Hinter jedem erfolgreichen Schriftsteller verbergen sich 100 andere,

deren Bücher sich nicht verkaufen. Und hinter jedem
dieser wiederum 100, die keinen Verlag gefunden haben.
Und hinter jedem dieser wiederum Hunderte mit einem
angefangenen Manuskript in der Schublade. Wir aber
hören nur von den Erfolgreichen und verkennen, wie
unwahrscheinlich schriftstellerischer Erfolg ist. Dasselbe
gilt für Fotografen, Unternehmer, Künstler, Sportler,
Architekten, Nobelpreisträger, Fernsehmoderatoren und
Schönheitsköniginnen. Die Medien haben kein Interesse,
auf den Friedhöfen der Gescheiterten zu graben. Dafür
sind sie auch nicht zuständig. Bedeutet: Diese Denkarbeit
müssen Sie übernehmen, wenn Sie den *Survivorship Bias*
entschärfen wollen.

Der *Survivorship Bias* wird Sie spätestens beim Thema
Geld erwischen: Ein Freund gründet ein Start-up. Zum
Kreis der potenziellen Investoren gehören auch Sie. Sie
wittern die Chance: Das könnte die nächste Microsoft
werden. Vielleicht haben Sie Glück. Wie sieht die Realität
aus? Das wahrscheinlichste Szenario ist, dass die Firma
gar nicht erst aus den Startlöchern kommt. Das Nächstwahrscheinliche
ist der Bankrott nach drei Jahren. Von
den Firmen, die die ersten drei Jahre überleben, schrumpfen
die meisten zu einem KMU mit weniger als zehn
Angestellten. Fazit: Sie haben sich von der Medienpräsenz
der erfolgreichen Firmen blenden lassen. Also keine
Risiken eingehen? Nein. Aber tun Sie es mit dem Bewusstsein,
dass der kleine Teufel *Survivorship Bias* die Wahrscheinlichkeiten
wie ein geschliffenes Glas verzerrt.

Nehmen wir den Dow Jones. Er besteht aus lauter Überlebenden
(*Survivors*). Nicht in einem Aktienindex vertreten
sind nämlich die fehlgeschlagenen und klein geblie-

benen Firmen – also die Mehrzahl. Ein Aktienindex ist nicht repräsentativ für die Wirtschaft eines Landes. So wie die Presse nicht repräsentativ über die Gesamtmenge der Musiker berichtet. Auch die Unmenge an Erfolgsbüchern und Erfolgstrainern sollte Sie skeptisch machen: Gescheiterte schreiben keine Bücher und geben keine Vorträge über ihr Scheitern.

Ganz heikel wird der *Survivorship Bias*, wenn Sie selbst Teil der »überlebenden« Menge sind. Selbst wenn Ihr Erfolg auf purem Zufall basiert, werden Sie Gemeinsamkeiten mit anderen Erfolgreichen entdecken und diese zu »Erfolgsfaktoren« erklären. Beim Besuch des Friedhofs der Gescheiterten (Personen, Firmen etc.) würden Sie allerdings feststellen, dass die vermeintlichen »Erfolgsfaktoren« oft auch von diesen angewendet wurden.

Wenn genügend Wissenschaftler ein bestimmtes Phänomen untersuchen, wird es vorkommen, dass ein paar dieser Studien aus reinem Zufall heraus statistisch relevante Ergebnisse liefern – zum Beispiel über den Zusammenhang zwischen Rotweinkonsum und hoher Lebenserwartung. So erzielen diese (falschen) Studien sofort einen hohen Bekanntheitsgrad. Ein *Survivorship Bias*.

Doch genug Philosophie. *Survivorship Bias* bedeutet: Sie überschätzen systematisch die Erfolgswahrscheinlichkeit. Zur Gegensteuerung: Besuchen Sie möglichst oft die Grabstätten der einst vielversprechenden Projekte, Investments und Karrieren. Ein trauriger Spaziergang, aber ein gesunder.

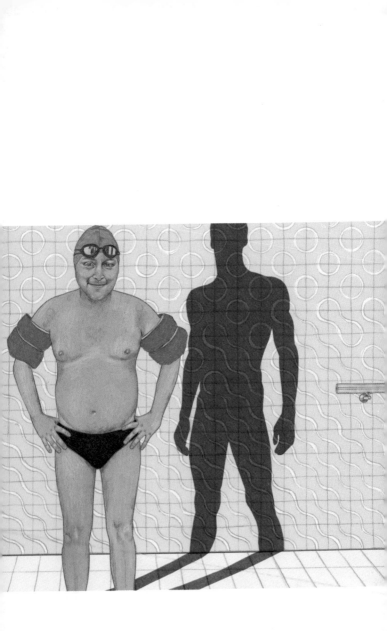

THE SWIMMER'S BODY ILLUSION

Ist Harvard eine gute oder schlechte Universität? Wir wissen es nicht

Als der Essayist und Börsenhändler Nassim Taleb den Entschluss fasste, etwas gegen seine hartnäckigen Kilos zu unternehmen, schaute er sich bei den verschiedensten Sportarten um. Die Jogger machten ihm einen dürren und unglücklichen Eindruck. Die Bodybuilder sahen breit und dümmlich aus. Die Tennisspieler, ach, so gehobene Mittelklasse! Doch die Schwimmer gefielen ihm. Sie hatten diese gut gebauten, eleganten Körper. Also entschloss er sich, zweimal die Woche in das chlorhaltige Wasser des lokalen Schwimmbades zu steigen und richtig hart zu trainieren. Es dauerte eine ganze Weile, bis er merkte, dass er einer Illusion auf den Leim gekrochen war. Die professionellen Schwimmer haben diesen perfekten Körperbau nicht, weil sie ausgiebig trainieren. Es ist andersherum: Sie sind gute Schwimmer, weil sie so gebaut sind. Ihr Körperbau ist ein Selektionskriterium, nicht das Resultat ihrer Aktivitäten.

Weibliche Models machen Werbung für Kosmetika. So kommt manche Konsumentin auf den Gedanken, die Kosmetika würden einen verschönern. Doch es sind nicht die Kosmetika, die diese Frauen zu Models machen. Die Models sind zufälligerweise als schöne Menschen geboren, und nur deshalb kommen sie für die Kosmetikawerbung überhaupt erst infrage. Wie bei den Schwimmern ist hier die Schönheit ein Selektionskriterium, nicht ein Ergebnis.

Wann immer wir Selektionskriterium und Ergebnis vertauschen, sitzen wir der *Swimmer's Body* (»Körper des Schwimmers«) *Illusion* auf. Ohne diese Illusion würde die Hälfte der Werbung nicht funktionieren.

Aber es geht nicht nur um sexy Körper. Harvard hat den Ruf, eine Topuniversität zu sein. Viele höchst erfolgreiche Personen haben in Harvard studiert. Heißt das, dass Harvard eine gute Schule ist? Das wissen wir nicht. Vielleicht ist die Schule miserabel, aber sie rekrutiert die gescheitesten Studenten der ganzen Welt. Die Universität St. Gallen habe ich so erlebt. Ihr Ruf ist ausgezeichnet, aber der Unterricht (vor 20 Jahren) war medioker. Aus irgendwelchen Gründen – gute Selektion der Studenten, das Klima in dem engen Tal, das Kantinenessen? – ist trotz allem aus vielen Absolventen etwas geworden.

MBA-Kurse in aller Welt locken mit Einkommensstatistiken. Dem Interessenten wird vorgerechnet, dass ein MBA das Einkommen um durchschnittlich soundso viel Prozent steigert. Die einfache Rechnung soll aufzeigen, dass sich die horrenden Schulgebühren schon in kurzer Zeit bezahlt machen. Viele fallen darauf herein. Ich will den Schulen nicht unterstellen, dass sie die Statistiken getürkt haben. Und doch sind ihre Aussagen wertlos. Menschen, die keinen MBA anstreben, sind ganz anders gestrickt als Menschen, die einen MBA anstreben. Der spätere Einkommensunterschied hat tausend andere Gründe als das MBA-Diplom. Hier also wiederum die *Swimmer's Body Illusion*: Auswahlkriterium wird mit Ergebnis verwechselt. Wenn Sie sich überlegen, eine Weiterbildung zu machen, suchen Sie sich bitte andere Gründe als Einkommenssteigerung.

Wenn ich glückliche Menschen frage, worin das Geheimnis ihres Glücks bestehe, höre ich oft Sätze wie: »Man muss das Glas halb voll statt halb leer sehen.« Als könnten diese Menschen nicht akzeptieren, dass sie als glückliche Menschen geboren sind, und nun halt die Neigung haben, in allem das Positive zu sehen. Dass Glückseligkeit zum großen Teil angeboren ist und im Verlauf des Lebens konstant bleibt, wollen die Glücklichen nicht einsehen. Die *Swimmer's Body Illusion* gibt es also auch als Selbstillusion. Wenn die Glücklichen dann noch Bücher schreiben, wird die Täuschung perfid.

Darum: Machen Sie von jetzt an einen weiten Bogen um Selbsthilfeliteratur. Sie ist zu 100 % von Menschen geschrieben, die eine natürliche Tendenz zum Glück besitzen. Nun verschleudern sie auf jeder Buchseite Tipps. Dass es Milliarden von Menschen gibt, bei denen diese Tipps nicht funktionieren, bleibt unbekannt – weil Unglückspilze keine Selbsthilfebücher schreiben.

Fazit: Überall, wo etwas Erstrebenswertes – stählerne Muskeln, Schönheit, höheres Einkommen, langes Leben, Aura, Glück – angepriesen wird, schauen Sie genau hin. Bevor Sie ins Schwimmbecken steigen, werfen Sie einen Blick in den Spiegel. Und seien Sie ehrlich mit sich.

DER OVERCONFIDENCE-EFFEKT

Warum Sie systematisch Ihr Wissen und Ihre Fähigkeiten überschätzen

Zarin Katharina II. von Russland war nicht für ihre Keuschheit bekannt. Zahlreiche Liebhaber wühlten sich durch ihr Bett. Wie viele es waren, verrate ich Ihnen im nächsten Kapitel, hier geht es vorerst um etwas anderes: Wie viel Vertrauen sollen wir in unser Wissen haben? Dazu eine kleine Aufgabe: »Definieren Sie die Spanne der Anzahl Liebhaber der Zarin so, dass Sie mit Ihrer Schätzung zu 98 % richtig- und nur zu 2 % falschliegen.« Eine solche Spanne wäre zum Beispiel 20 und 70. Das heißt, Sie schätzen, dass Katharina nicht weniger als 20 und nicht mehr als 70 Liebhaber hatte.

Nassim Taleb, der mir genau diese Aufgabe einmal gestellt hat, hat Hunderte von Leuten auf diese Weise befragt. Mal hat er sie nach der Länge des Mississippi, mal nach dem Kerosinverbrauch eines Airbus, mal nach der Anzahl Einwohner von Burundi gefragt. Dabei durften sie die Spanne frei wählen, und zwar wie gesagt so, dass sie zu höchstens 2 % falschliegen. Das Ergebnis war erstaunlich. Statt 2 % der Befragten lagen 40 % der Befragten mit ihrer geschätzten Spanne falsch. Die beiden Forscher Marc Alpert und Howard Raiffa, die zuerst auf dieses erstaunliche Phänomen gestoßen sind, haben es *Overconfidence* – also Selbstüberschätzung – genannt.

Dasselbe gilt für Prognosen. Schätzungen des Börsenkurses in einem Jahr oder der erwarteten Umsätze im Dreijahresplan Ihrer Firma unterliegen genau demselben Effekt: Wir überschätzen systematisch unser Wissen und unsere Fähigkeit zu prognostizieren – und zwar massiv. Beim *Overconfidence-Effekt* geht es nicht darum, ob eine einzelne Schätzung stimmt oder nicht. Der *Overconfidence-Effekt* misst den Unterschied zwischen dem, was Menschen wirklich wissen, und dem, was sie denken zu wissen. Wirklich überraschend ist das: Experten leiden noch stärker am Selbstüberschätzungseffekt als Nichtexperten. Ein Ökonomieprofessor liegt bei einer Fünfjahresschätzung des Ölpreises genauso falsch wie ein Nichtökonom. Nur tut er es mit einer ungeheuren Selbstüberschätzung.

Der *Overconfidence-Effekt* spielt auch in Bezug auf andere Fähigkeiten eine Rolle: In Befragungen geben 84 % der französischen Männer an, überdurchschnittlich gute Liebhaber zu sein. Ohne *Overconfidence-Effekt* müssten es genau 50 % sein – logisch, denn »Durchschnitt« bedeutet ja gerade, dass 50 % darüber und 50 % darunter liegen.

Unternehmer sind wie Heiratswillige: überzeugt, von der Statistik ausgenommen zu sein. Die wirtschaftliche Aktivität läge tiefer, wenn es den *Overconfidence-Effekt* nicht gäbe. Jeder Restaurantbesitzer träumt davon, die nächste Kronenhalle oder das nächste Borchardt zu etablieren – und die meisten machen schon nach drei Jahren wieder dicht. Die Eigenkapitalrendite im Restaurantgeschäft liegt chronisch unter null. Anders ausgedrückt:

Die Restaurantunternehmer subventionieren systematisch ihre Gäste.

Es gibt kaum ein Großprojekt, das schneller und billiger fertiggestellt wird als vorgesehen. Legendär sind die Verzögerungen und Kostenüberschreitungen beim Airbus A400M, beim Opernhaus in Sidney, bei allen drei Gotthardtunneln. Die Liste ist beliebig verlängerbar.

Warum ist das so? Hier spielen zwei Effekte zusammen. Zum einen die klassische *Overconfidence*. Zum anderen eine »incentivierte« Unterschätzung der Kosten durch Leute, die ein direktes Interesse am Projekt haben. Consultants erhoffen sich Folgeaufträge, Bauunternehmer und Lieferanten ebenso, die Bauherrschaft fühlt sich von den optimistischen Zahlen gestärkt, und Politiker holen sich damit Wählerstimmen. Wir werden diese *Incentive-Superresponse-Tendenz* in einer anderen Kolumne beleuchten. Wichtig ist der Unterschied: *Overconfidence* ist nicht incentiviert, sondern auf eine natürliche Art naiv und angeboren.

Drei Details zum Schluss: A) Das Gegenteil, einen *Underconfidence-Effekt*, gibt es nicht. B) Bei Männern ist der *Overconfidence-Effekt* ausgeprägter als bei Frauen – Frauen überschätzen sich weniger. C) Nicht nur Optimisten leiden unter dem *Overconfidence-Effekt*. Auch selbst erklärte Pessimisten überschätzen sich – nur weniger.

Fazit: Seien Sie allen Vorhersagen gegenüber skeptisch, besonders wenn sie von sogenannten Experten stammen. Und gehen Sie bei allen Plänen immer vom pessimistischen Szenario aus. Damit haben Sie eine wahre Chance, die Situation einigermaßen realistisch zu beurteilen.

SOCIAL PROOF

Wenn Millionen von Menschen eine Dummheit behaupten, wird sie deswegen nicht zur Wahrheit

Sie sind auf dem Weg in ein Konzert. An einer Straßenkreuzung treffen Sie auf eine Gruppe Menschen, die alle in den Himmel starren. Ohne sich etwas zu überlegen, schauen auch Sie hoch. Warum? *Social Proof*. Mitten im Konzert, an einer erstklassig gemeisterten Stelle, beginnt einer zu klatschen, und plötzlich klatscht der ganze Saal. Auch Sie. Warum? *Social Proof*. Nach dem Konzert stehen Sie an der Garderobe, um Ihren Mantel abzuholen. Sie beobachten, wie die Leute vor Ihnen eine Münze auf einen Teller legen, obwohl die Garderobe offiziell im Kartenpreis inbegriffen ist. Was tun Sie? Sie werden wohl auch ein Trinkgeld hinterlassen. *Social Proof* (manchmal unscharf als Herdentrieb bezeichnet) sagt: Ich verhalte mich richtig, wenn ich mich so wie die anderen verhalte. Anders ausgedrückt: Je mehr Menschen eine Idee richtig finden, desto korrekter ist diese Idee – was natürlich absurd ist.

Social Proof ist das Übel hinter Blasen und Panik an der Börse. Man findet *Social Proof* in der Kleidermode, bei Managementtechniken, im Freizeitverhalten, in der Religion und bei Diäten. *Social Proof* kann ganze Kulturen lahmlegen – denken Sie an den kollektiven Selbstmord bei Sekten.

Das simple Solomon-Asch-Experiment – zum ersten Mal 1950 durchgeführt – zeigt, wie Gruppendruck den gesunden Menschenverstand verbiegt. Einer Versuchsperson werden Linien verschiedener Länge gezeigt. Dabei muss die Person angeben, ob eine Linie länger, gleich lang oder kürzer als eine Referenzlinie ist. Sitzt die Person allein im Raum, schätzt sie alle gezeigten Linien richtig ein, denn die Aufgabe ist wirklich einfach. Nun kommen sieben andere Leute in den Raum – alles Schauspieler, was die Versuchsperson aber nicht weiß. Einer nach dem anderen gibt eine falsche Antwort, sagt »kleiner«, obwohl die Linie offensichtlich größer als die Referenzlinie ist. Dann kommt die Versuchsperson dran. In 30 % der Fälle wird sie dieselbe falsche Antwort liefern wie die Personen vorher – aus reinem Gruppendruck.

Warum ticken wir so? Weil dieses Verhalten sich in unserer evolutionären Vergangenheit als gute Überlebensstrategie erwiesen hat. Angenommen, Sie sind vor 50.000 Jahren mit Ihren Jäger-und-Sammler-Freunden in der Serengeti unterwegs, und plötzlich rennen Ihre Kumpels davon. Was tun Sie? Bleiben Sie stehen, kratzen sich die Stirn und überlegen, ob das, was Sie sehen, nun wirklich ein Löwe ist oder nicht vielmehr ein harmloses Tier, das nur wie ein Löwe aussieht? Nein, Sie spurten Ihren Freunden hinterher, so schnell Sie können. Reflektieren können Sie nachher – wenn Sie in Sicherheit sind. Wer anders gehandelt hat, ist aus dem Genpool verschwunden. Dieses Verhaltensmuster ist so tief in uns verankert, dass wir es noch heute anwenden, auch dort, wo es keinen Überlebensvorteil bringt. Ein einziger Fall kommt mir in den Sinn, wo *Social Proof* von Nutzen ist: Angenommen, Sie haben Karten für ein Fußballspiel in einer fremden Stadt und wissen nicht, wo das Stadion ist. Dann macht es Sinn, den Leuten hinterherzulaufen, die wie Fußballfans aussehen.

Comedy und Talkshows nutzen *Social Proof*, indem sie an strategischen Stellen Gelächter einspielen, was die Zuschauer nachweislich zum eigenen Lachen anstiftet. Einer der eindrücklichsten Fälle von *Social Proof* ist die »Wollt ihr den totalen Krieg?«-Rede von Joseph Goebbels von 1943. Es gibt ein Video davon auf YouTube. Einzeln und anonym befragt hätte wohl kein Mensch diesem absurden Vorschlag zugestimmt.

Die Werbung nützt unsere Schwäche für *Social Proof* systematisch aus. Sie funktioniert am besten, wo die Situation unübersichtlich ist (nicht überblickbare Anzahl von Automarken, Reinigungsmitteln, Schönheitsprodukten etc. ohne offensichtliche Vor- und Nachteile) und wo Menschen »wie du und ich« vorkommen. Im Fernsehen werden Sie daher vergeblich eine afrikanische Hausfrau finden, die ein Putzmittel anpreist.

Seien Sie skeptisch, wann immer eine Firma behauptet, ihr Produkt sei das »meistverkaufte«. Ein absurdes Argument, denn warum soll das Produkt besser sein, nur weil es das »meistverkaufte« ist? Der Schriftsteller Somerset Maugham drückt es so aus: Wenn 50 Millionen Menschen eine Dummheit behaupten, wird sie deswegen nicht zu Wahrheit.

PS vom letzten Kapitel: Zarin Katharina II. von Russland hatte ca. 40 Liebhaber, 20 sind namentlich bekannt.

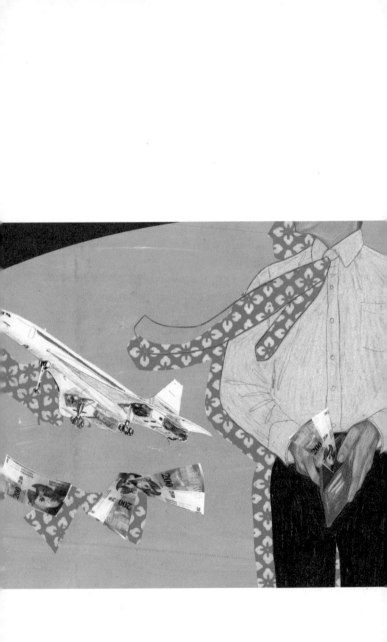

THE SUNK COST FALLACY

Warum Sie die Vergangenheit ignorieren sollten

Der Film war miserabel. Nach einer Stunde flüsterte ich meiner Frau ins Ohr: »Komm, gehen wir nach Hause.« Sie antwortete: »Sicher nicht. Wir haben nicht vergeblich 30 Euro für Kinokarten ausgegeben.« »Das ist kein Argument«, protestierte ich, »die 30 Euro sind schon verloren. Du bist der *Sunk Cost Fallacy* auf den Leim gekrochen.« »Du mit deinen ewigen Denkfehlern«, sagte sie und sprach »Denkfehler« aus, als hätte sie etwas Bitteres im Mund.

Am nächsten Tag Marketingsitzung. Die Werbekampagne lief nun schon seit vier Monaten – weit unter dem budgetierten Erfolg. Ich war dafür, das Ding sofort zu stoppen. Der Werbeleiter widersetzte sich mit der folgenden Begründung: »Wir haben schon so viel Geld in die Kampagne investiert, wenn wir jetzt stoppen, war alles für die Katz.« Auch er: Opfer der *Sunk Cost Fallacy*.

Ein Freund quälte sich jahrelang in einer problematischen Beziehung. Die Frau hatte ihn immer wieder betrogen. Jedes Mal, wenn er sie ertappt hatte, kam sie reumütig zurück und flehte um Vergebung. Obwohl es schon lange keinen Sinn mehr machte, mit dieser Frau eine Beziehung zu unterhalten, ließ er sich immer wieder besänftigen. Als ich ihn darauf ansprach, erklärte er mir, warum: »Ich habe so viel emotionale Energie in diese Beziehung gesteckt, dass es falsch wäre, sie jetzt zu verlassen.« Eine klassische *Sunk Cost Fallacy*.

Jede Entscheidung, ob privat oder geschäftlich, geschieht stets unter Unsicherheit. Was wir uns ausmalen, mag eintreffen oder nicht. Zu jedem Zeitpunkt könnte man den eingeschlagenen Pfad verlassen, zum Beispiel das Projekt abbrechen, und mit den Konsequenzen leben. Diese Abwägung unter Unsicherheit ist rationales Verhalten. Die *Sunk Cost Fallacy* schnappt dann zu, wenn wir schon besonders *viel* Zeit, Geld, Energie, Liebe etc. investiert haben. Das investierte Geld wird dann zur Begründung, weiterzumachen, selbst wenn es objektiv betrachtet keinen Sinn macht. Je mehr investiert wurde, also je größer die *Sunk Costs* sind, desto stärker ist der Drang, das Projekt fortzuführen.

Börsenanleger werden oft zum Opfer der *Sunk Cost Fallacy*. Oft orientieren sie sich bei Verkaufsentscheidungen am Einstandspreis. Liegt der Kurs einer Aktie über dem Einstandspreis, wird verkauft. Liegt der Kurs darunter, wird nicht verkauft. Das ist irrational. Der Einstandspreis darf überhaupt keine Rolle spielen. Was zählt, ist einzig die Aussicht auf die künftige Kursentwicklung (und die künftige Kursentwicklung alternativer Investments). Irren kann sich jeder, besonders an der Börse. Der traurige Witz der *Sunk Cost Fallacy* ist der: Je mehr Geld Sie mit einer Aktie bereits verloren haben, desto stärker halten Sie an ihr fest.

Warum dieses irrationale Verhalten? Menschen streben danach, konsistent zu erscheinen. Mit Konsistenz signalisieren wir Glaubwürdigkeit. Widersprüche sind uns ein Gräuel. Entscheiden wir, ein Projekt in der Mitte abzubrechen, generieren wir einen Widerspruch: Wir geben zu, früher anders gedacht zu haben als heute. Ein sinnloses Projekt weiterführen zögert diese schmerzliche Realisierung hinaus. Wir erscheinen dann länger konsistent.

Die Concorde war das Paradebeispiel eines staatlichen Defizitprojektes. Selbst als die beiden Partner England und Frankreich schon lange eingesehen hatten, dass sich der Betrieb des Überschallflugzeuges nie rechnen würde, haben sie weiterhin Unsummen investiert – bloß um das nationale Gesicht zu wahren. Aufgeben wäre einer Kapitulation gleichgekommen. Die *Sunk Cost Fallacy* wird darum oft auch als *Concorde-Effekt* bezeichnet. Sie führt nicht nur zu kostspieligen, sondern geradezu verheerenden Entscheidungsfehlern. Der Vietnamkrieg wurde genau mit der Begründung verlängert: »Wir haben das Leben so vieler Soldaten für diesen Krieg geopfert, es wäre ein Fehler, jetzt aufzugeben.«

»Jetzt sind wir schon so weit gefahren...« »Ich habe schon so viele Seiten in diesem Buch gelesen...« »Nun habe ich schon zwei Jahre in diese Ausbildung gesteckt...« Anhand solcher Sätze erkennen Sie, dass die *Sunk Cost Fallacy* in einer Ecke Ihres Gehirns bereits die Zähne fletscht.

Es gibt viele gute Gründe, weiter zu investieren, um etwas zum Abschluss zu bringen. Aber es gibt einen schlechten Grund: das bereits Investierte zu berücksichtigen. Rational entscheiden bedeutet, dass Sie die aufgelaufenen Kosten ignorieren. Egal, was Sie bereits investiert haben, es zählt einzig das Jetzt und Ihre Einschätzung der Zukunft.

DIE REZIPROZITÄT

Warum Sie sich keinen Drink spendieren lassen sollten

Vor einigen Jahrzehnten – die Hippie-Kultur stand in voller Blüte – traf man auf Bahnhöfen und Flughäfen die in rosa Gewändern umherschlurfenden Jünger der Krishna-Sekte an. Sie schenkten jedem vorbeieilenden Passanten eine kleine Blume. Die Jünger sagten nicht viel, ein Grußwort, ein Lächeln, und das war's. Auch wenn ein Geschäftsmann nicht viel Nutzen in einer kleinen Blume sah, so nahm er sie doch an – man wollte ja nicht unhöflich sein. Lehnte man das Geschenk ab, so hörte man ein sanftes »Nehmen Sie's, das ist unser Geschenk an Sie«.

Wer die Blume in der nächsten Seitenstraße in den Mülleimer warf, stellte fest, dass da schon einige lagen. Das war aber noch nicht das Ende. Während das schlechte Gewissen laborierte, wurde man von einem Krishna-Jünger angesprochen, der um eine Spende bat. In vielen Fällen mit Erfolg. Diese Art der Spendensammlung war derart ergiebig, dass viele Flughäfen die Sekte auf ihrem Gelände verboten. Der Wissenschaftler Robert Cialdini hat das Phänomen der *Reziprozität* genauer untersucht und festgestellt, dass der Mensch es kaum aushält, in der Schuld zu stehen.

Vor einigen Jahren wurden meine Frau und ich von einem Ehepaar zum Dinner eingeladen. Wir kannten diese Leute seit geraumer Zeit, sie waren nett, aber alles andere als inspirierend. Es fiel uns keine gute Ausrede ein, und so sagten wir zu. Es kam, wie es kommen musste: Der Abend bei ihnen zu Hause war langweilig. Trotzdem fühlten wir uns verpflichtet, sie einige Monate später ebenfalls zu uns nach Hause einzuladen. Der Zwang zur *Reziprozität* hatte uns zwei öde Abende beschert. Ihnen aber offenbar nicht, denn prompt kam einige Wochen später wieder eine Folgeeinladung. Ich kann mir gut vorstellen, dass Leute sich über Jahre aus reiner *Reziprozität* periodisch treffen, auch wenn sie schon lange am liebsten aus diesem Teufelskreis ausgestiegen wären.

Viele NGOs sammeln nach dem Krishna-Muster – zuerst schenken, dann fordern. Letzte Woche bekam ich von einer Naturschutzorganisation ein Kuvert voller edler Postkarten mit allerlei idyllischen Landschaften geschenkt. Auf dem Begleitbrief hieß es, die Postkarten seien ein Geschenk an mich. Unabhängig, ob ich etwas spende oder nicht, dürfe ich sie behalten. Natürlich bedurfte es einer gewissen Anstrengung und Kaltblütigkeit, sie in den Mülleimer zu schmeißen. Diese sanfte Erpressung, man könnte sie auch Korruption nennen, ist in der Wirtschaft weitverbreitet. Ein Lieferant von Schrauben lädt einen potenziellen Kunden zu einem Champions-League-Spiel ein. Einen Monat später ist es an der Zeit, Schrauben zu bestellen. Der Wunsch, nicht in der Schuld zu stehen, ist so stark, dass der Einkäufer einknickt.

Die *Reziprozität* ist ein uraltes Programm. Im Grunde sagt sie: »Ich helfe dir aus, du hilfst mir aus.« Wir finden

Reziprozität bei all jenen Tierarten, bei denen die Nahrungsmenge hohen Schwankungen unterliegt. Angenommen, Sie sind ein Jäger und Sammler, und eines Tages haben Sie Glück und erlegen ein Reh. Das ist viel mehr, als Sie an einem Tag essen können. Kühlschränke gibt es noch nicht. Also teilen Sie das Reh mit Ihren Gruppenmitgliedern. Das gibt Ihnen die Möglichkeit, von der Beute der anderen zu profitieren, wenn Sie einmal einen Pechtag haben. Der Bauch der anderen ist Ihr Kühlschrank. Eine ausgezeichnete Überlebensstrategie. *Reziprozität* ist Risikomanagement. Ohne *Reziprozität* wäre die Menschheit – und unzählige Tierarten – schon lange ausgestorben.

Es gibt auch eine hässliche Seite der *Reziprozität*: die Vergeltung. Auf Rache folgt Gegenrache, und schon findet man sich in einem ausgewachsenen Krieg. Was Jesus gepredigt hat, nämlich den Teufelskreis zu unterbrechen, indem wir dem Angreifer auch die andere Wange hinhalten, fällt uns deshalb so schwer, weil die *Reziprozität* seit weit über 100 Millionen Jahren zu unserem soliden Überlebensprogramm gehört.

Letzthin hat mir eine Frau erklärt, warum sie sich in einer Bar keinen Drink mehr spendieren lässt: »Weil ich diese unterschwellige Verpflichtung nicht haben will, mit ihm ins Bett zu steigen.« Das ist sehr weise. Wenn Sie das nächste Mal im Supermarkt angesprochen werden, um Wein, Käse, Schinken oder Oliven zu kosten, dann wissen Sie, warum Sie besser ablehnen.

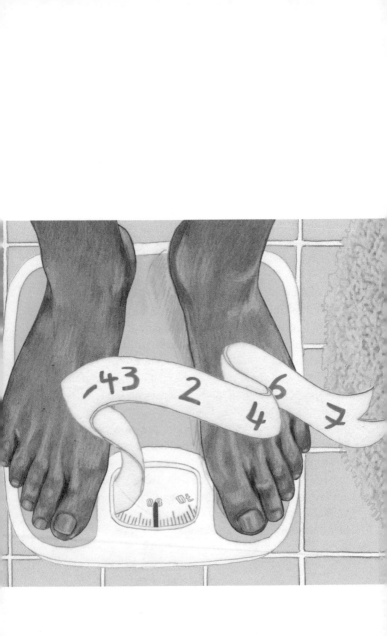

THE CONFIRMATION BIAS (TEIL 1)

Passen Sie auf, wenn das Wort »Spezialfall« fällt

Gehrer will abnehmen. Er setzt auf die XYZ-Diät. Jeden Morgen stellt er sich auf die Waage. Hat er im Vergleich zum Vortag abgenommen, erlaubt er sich ein Lächeln und schreibt das Resultat dem Erfolg der Diät zu. Hat er zugenommen, tut er es als normale Fluktuation ab und vergisst es. Monatelang lebt er in der Illusion, die XYZ-Diät funktioniere, obwohl sein Gewicht etwa konstant bleibt. Gehrer ist Opfer des *Confirmation Bias* – einer harmlosen Form davon.

Der *Confirmation Bias* ist der Vater aller Denkfehler – die Tendenz, neue Informationen so zu interpretieren, dass sie mit unseren bestehenden Theorien, Weltanschauungen und Überzeugungen kompatibel sind. Anders ausgedrückt: Neue Informationen, die im Widerspruch zu unseren bestehenden Ansichten stehen (in der Folge als *Disconfirming Evidence* bezeichnet, da ein passender deutscher Ausdruck fehlt), filtern wir aus. Das ist gefährlich. »Tatsachen hören nicht auf zu existieren, nur weil sie ignoriert werden«, sagte Aldous Huxley. Trotzdem tun wir genau das. Das weiß auch Superinvestor Warren Buffett: »Was die Menschen am besten können, ist, neue Informationen so zu filtern, dass bestehende Auffassungen intakt bleiben.« Gut möglich, dass Buffett gerade deshalb so erfolgreich ist, weil er sich der Gefahr des *Confirmation Bias* bewusst ist – und sich zwingt, anders zu denken.

In der Wirtschaft wütet der *Confirmation Bias* besonders heftig. Beispiel: Der Aufsichtsrat beschließt eine neue Strategie. In der Folge werden sämtliche Anzeichen, die einen Erfolg dieser Strategie andeuten, euphorisch gefeiert. Wo man auch hinschaut, man sieht reichlich Anzeichen, dass sie funktioniert. Gegenteilige Indizien werden entweder gar nicht gesehen oder kurzerhand als »Spezialfälle« und »unvorhersehbare Schwierigkeiten« abgetan. Der Aufsichtsrat ist gegenüber *Disconfirming Evidence* blind.

Was tun? Wenn das Wort »Spezialfall« fällt, lohnt es sich, umso genauer hinzuhören. Oft verbirgt sich dahinter ganz normale *Disconfirming Evidence*. Am besten halten Sie sich an Charles Darwin: Der hatte sich seit seiner Jugend darauf eingestellt, den *Confirmation Bias* systematisch zu bekämpfen. Wann immer Beobachtungen seiner Theorie widersprachen, nahm er sie besonders ernst. Er trug ständig ein Notizbuch mit sich herum und zwang sich, Beobachtungen, die im Widerspruch zu seiner Theorie standen, innerhalb von 30 Minuten zu notieren. Er wusste, dass das Hirn *Disconfirming Evidence* nach 30 Minuten aktiv »vergisst«. Je gefestigter er seine Theorie einschätzte, desto aktiver suchte er nach widersprechenden Beobachtungen. Chapeau!

Wie viel Überwindung es kostet, die eigene Theorie infrage zu stellen, zeigt das folgende Experiment. Ein Professor legte seinen Studenten die Zahlenreihe 2–4–6 vor. Sie sollten die zugrunde liegende Regel herausfinden, die sich der Professor auf die Rückseite eines Blatts Papier geschrieben hatte. Die Probanden sollten eine nächste Zahl angeben, worauf der Professor entweder mit »Passt auf die Regel« oder »Passt nicht auf die Regel« antworten würde. Sie durften so viele Zahlen nennen, wie sie wollten, aber die Regel nur einmal erraten. Die meisten Studenten sagten »8«, der Professor antwortete mit »Passt auf die Regel«. Um sicherzugehen, probierten sie noch »10«, »12« und »14«. Der Professor antwortete jedes Mal mit »Passt auf die Regel«, woraufhin die Studenten einen einfachen Schluss zogen: »Dann lautet die Regel: Addiere 2 zur letzten Zahl.« Der Professor schüttelte den Kopf: »Das ist nicht die Regel, die auf der Rückseite dieses Blattes steht.«

Ein einziger gewiefter Student ging anders an die Aufgabe heran. Er probierte es mit »4«. Der Professor sagte: »Passt nicht auf Regel.« »7?« »Passt auf die Regel.« Der Student versuchte es noch eine Weile mit allerlei verschiedenen Zahlen, »minus 24«, »9«, »minus 43«. Offenbar hatte er eine Idee, und er versuchte, sie zu falsifizieren. Erst als er kein Gegenbeispiel mehr finden konnte, sagte er: »Die Regel lautet: Die nächste Zahl muss höher sein als die vorherige.« Der Professor drehte das Blatt Papier um, und das war genau, was draufstand. Was unterschied den findigen Kopf von seinen Mitstudenten? Während sie bloß ihre Theorie bestätigt haben wollten, versuchte er seine zu falsifizieren – und suchte ganz bewusst nach *Disconfirming Evidence*. Auf den *Confirmation Bias* reinzufallen, ist kein intellektuelles Kavaliersdelikt. Wie er unser Leben beeinflusst: im nächsten Kapitel.

THE CONFIRMATION BIAS (TEIL 2)

Murder your darlings

Im vorherigen Kapitel haben wir den Vater aller Denkfehler kennengelernt, den *Confirmation Bias*. Hier ein paar Beispiele dazu. Wir alle sind gezwungen, Theorien über die Welt, das Leben, die Wirtschaft, Investitionen, die Karriere etc. aufzustellen. Ohne Annahmen geht es nicht. Je schwammiger aber eine Theorie, desto stärker der *Confirmation Bias*. Wer mit der Idee »Menschen sind gut« durchs Leben geht, wird genug Bestätigung für diese Theorie finden. Wer mit der Idee »Menschen sind schlecht« durchs Leben geht, ebenfalls. Beide, der Philanthrop und der Misanthrop, werden *Disconfirming Evidence* (gegenteilige Evidenz) wegfiltern und tonnenweise Bestätigung für ihre Weltsicht erhalten.

Astrologen und Wirtschaftsexperten operieren nach dem gleichen Prinzip. Ihre Aussagen sind so schwammig, dass sie Bestätigungen wie ein Magnet anziehen: »In den kommenden Wochen werden Sie traurige Momente erleben« beziehungsweise »Mittelfristig wird der Abwertungsdruck auf den Dollar zunehmen.« Was heißt mittelfristig? Was heißt Abwertungsdruck? Abwertung gemessen an was – Gold, Yen, Pesos, Weizen, Wohneigentum in Berlin-Kreuzberg, dem Preis für Currywürste?

Religiöse und philosophische Überzeugungen sind wegen ihrer Schwammigkeit hervorragende Nährböden für den *Confirmation Bias*. Hier wuchert er wild drauflos. Gläubige sehen auf Schritt und Tritt bestätigt, dass es Gott gibt. Dass dieser sich nicht direkt präsentiert – mit Ausnahme vor Analphabeten in Wüsten und abgelegenen Bergdörfern, aber niemals in einer Stadt wie Frankfurt oder New York – macht deutlich, wie stark der *Confirmation Bias* ist. Selbst der schlagendste Einwand wird weggefiltert.

Keine Berufsgattung leidet stärker am *Confirmation Bias* als die Wirtschaftsjournalisten. Oft stellen sie eine billige Theorie auf, setzen zwei, drei »Beweise« hinzu, und fertig ist der Artikel. Beispiel: »Google ist so erfolgreich, weil die Firma eine Kultur der Kreativität lebt.« Also geht der Journalist hin, sucht sich zwei, drei Firmen heraus, die ebenfalls Kreativität leben und damit erfolgreich sind (*Confirming Evidence*). Aber er macht sich nicht die Mühe, *Disconfirming Evidence* auszugraben, also jene Firmen zu suchen, die eine Kultur der Kreativität pflegen, aber *nicht* erfolgreich sind – beziehungsweise solche, die erfolgreich sind, aber *keine* Kultur der Kreativität leben. Von beiden Sorten gibt es eine Menge, doch der Journalist übergeht sie geflissentlich. Würde er eine davon erwähnen, wäre sein Zeitungsartikel im Eimer. Ich hingegen würde diesen Artikel einrahmen – eine Perle im Meer der nutzlosen Halbrecherchen.

Nach demselben Prinzip werden Erfolgs- und Lebenshilfebücher geschrieben. Banalste Theorien werden aufgetischt – etwa: »Meditation ist der Schlüssel zur Glückseligkeit.« Natürlich hat der weise Autor haufenweise bestätigende Beispiele dafür. Nach *Disconfirming Evidence* sucht man hingegen vergebens: Menschen, die ohne Meditation glücklich sind, und Menschen, die trotz Meditation unglücklich sind. Es ist jämmerlich, wie viele Leser auf solche Bücher hereinfallen.

Der Fluch besteht darin, dass der *Confirmation Bias* unbewusst bleibt. Natürlich, wir haben es nicht gern, wenn Löcher in unsere Überzeugungen geschossen werden. Doch ist es nicht so, dass wir Schutzschilder vor unseren Überzeugungen aufrichten. Es ist eher so, als ob mit einem Schalldämpfer auf uns geschossen würde: Die Schüsse fallen, aber wir hören sie nicht.

Das Internet macht es einfach, uns mit Gleichgesinnten zusammenzutun. Wir lesen Blogs, die unsere Theorien bestärken. Die Personalisierung von Nachrichten sorgt dafür, dass gegenteilige Meinungen gar nicht erst auf unserem Radarschirm auftauchen. Wir bewegen uns zunehmend in Communitys von Gleichdenkenden, die den *Confirmation Bias* noch verstärken.

Wie können wir uns schützen? Ein Satz von Arthur Quiller-Couch ist hilfreich: »Murder your darlings.« Der Literaturkritiker sprach damit Schriftsteller an, die oft größte Mühe haben, Sätze zu streichen, die zwar schön, aber überflüssig sind. Quiller-Couchs Aufruf gilt nicht nur für zaudernde Schreiberlinge, sondern für uns alle. Fazit: Kämpfen Sie gegen den *Confirmation Bias* an. Schreiben Sie Ihre Glaubenssätze – sei es in Bezug auf Weltanschauung, Investments, Ehe, Gesundheitsvorsorge, Diäten, Karrierestrategien – auf, und machen Sie sich auf die Suche nach *Disconfirming Evidence*. Seine Lieblingstheorien zu killen, ist harte Arbeit – aber als aufgeklärter Geist werden Sie nicht darum herumkommen.

THE AUTHORITY BIAS

Warum Sie gegenüber Autoritäten respektlos sein sollten

Das erste Buch der *Bibel* macht deutlich, was passiert, wenn man der großen Autorität nicht mehr gehorcht: Man wird aus dem Paradies vertrieben. Das wollen uns auch die kleinen Autoritäten glauben machen – die Politexperten, Wissenschaftler, Ärzte, CEOs, Ökonomen, Regierungschefs, Sportkommentatoren, Unternehmensberater und Börsengurus.

Autoritäten werfen zwei Probleme auf. Erstens die oft ernüchternde Erfolgsbilanz. Es gibt ca. eine Million ausgebildeter Ökonomen auf diesem Planeten. Kein einziger hat das Timing der Finanzkrise exakt vorausgesagt, geschweige denn, wie die Sequenz vom Platzen der Immobilienblase über den Zerfall der Credit Default Swaps bis hin zur ausgewachsenen Wirtschaftskrise ablaufen würde. Nie hat eine Expertengruppe spektakulärer versagt. Ein Beispiel aus der Medizin: Bis ins Jahr 1900 war es nachweislich besser, als Kranker nicht zum Arzt zu gehen, weil der Arzt den Zustand nur verschlimmert hätte (mangelnde Hygiene, Aderlass und andere schiefe Praktiken).

Dass Autoritäten oft nachweislich falschliegen, ist nur das eine Problem. Irren ist menschlich. Gravierender wiegt die Tatsache, dass wir in der Präsenz einer Autorität das selbständige Denken um eine Stufe zurückschalten. Wir sind gegenüber Expertenmeinungen viel unvorsichtiger als gegenüber anderen Meinungen. Und: Wir gehorchen Autoritäten, selbst dort, wo es rational oder moralisch keinen Sinn macht. Das ist der *Authority Bias.*

Am deutlichsten hat dies der junge Psychologe Stanley Milgram 1961 in einem Experiment gezeigt. Dort wurden Versuchspersonen angehalten, einer anderen Person, die jenseits einer Glasscheibe saß, immer stärkere Stromstöße zu verpassen. Angefangen mit 15 Volt, dann 30 Volt, 45 Volt und so weiter – bis hin zu fast tödlichen 450 Volt. Selbst als die malträtierte Person vor Schmerzen schrie und zitterte (es floss kein Strom, es war ein Schauspieler) und die Versuchsperson das Experiment abbrechen wollte, sagte Professor Milgram ruhig: »Machen Sie weiter, das Experiment verlangt es so.« Und die meisten machten weiter. Über die Hälfte aller Versuchspersonen ging auf die maximale Stromstärke hoch – aus reinem Autoritätsgehorsam.

Dass der *Authority Bias* gefährlich sein kann, haben die Fluggesellschaften in den letzten Jahrzehnten gelernt. Viele Unfälle gehen darauf zurück, dass der Flugkapitän einen Fehler begeht, der Kopilot dies merkt, aber sich aus lauter Autoritätsgläubigkeit nicht getraut, den Fehler anzusprechen. Seit etwa 15 Jahren werden die Piloten fast aller Fluggesellschaften im sogenannten »Crew Resource Management« geschult. Dort lernen sie, offen und schnell Ungereimtheiten anzusprechen. In anderen Worten: Sie trainieren sich den *Authority Bias* mühsam weg.

In vielen Firmen hinkt man den Airlines um Jahrzehnte hinterher. Besonders bei einem dominanten CEO ist die Gefahr groß, dass die Mitarbeiter dem *Authority Bias* unterliegen. Sehr zum Schaden der Firmen.

Experten wollen erkannt werden. Darum müssen sie ihren Status irgendwie signalisieren. Ärzte und Forscher durch ihren weißen Kittel. Bankdirektoren durch Anzug und Krawatte. Die Krawatte hat keine Funktion, sie ist nur Signal. Könige tragen Kronen. Im Militär gibt es Rangabzeichen. In der katholischen Kirche sind die Autoritätssignale besonders schön ausgeprägt. Heute zählen noch andere Signale: Einladungen an Talkshows, Bücher und Publikationen.

In jeder Zeit sind andere Autoritäten »in«. Mal sind es Priester, mal Könige, Krieger, Päpste, Philosophen, Dichter, Rockstars, Fernsehmoderatoren, Dotcom-Firmengründer, Hedge-Fund-Manager, Zentralbankpräsidenten. Es gibt also eine Autoritätsmode, und die Gesellschaft folgt ihr gerne. Vollkommen abstrus wird es, wenn Autoritäten gebietsübergreifend ernst genommen werden wollen. Zum Beispiel wenn ein Tennisprofi Kaffeemaschinen empfiehlt oder eine Schauspielerin Migränetabletten. Mehr dazu im Kapitel über den *Halo Effect*.

Wann immer ich einen Experten treffe, versuche ich, ihn herauszufordern. Tun Sie das auch. Je kritischer Sie Autoritäten gegenüber eingestellt sind, desto freier sind Sie. Und desto mehr dürfen Sie sich selbst zutrauen.

DER KONTRASTEFFEKT

Warum Sie Ihre Fotomodellfreundinnen zu
Hause lassen sollten

In seinem Buch *Einfluss* beschreibt Robert Cialdini die
Geschichte von zwei Brüdern, Sid und Harry, die im Ame-
rika der 1930er-Jahre ein Kleidergeschäft betrieben. Sid
war für den Verkauf zuständig, Harry leitete das Schnei-
deratelier. Immer wenn Sid bemerkte, dass dem Kunden,
der vor dem Spiegel stand, ein Anzug wirklich gefiel,
stellte er sich ein bisschen schwerhörig. Wenn der Kunde
dann nach dem Preis fragte, rief Sid seinem Bruder ent-
gegen: »Harry, wie viel für diesen Anzug?« Harry sah von
seinem Schneidertisch auf und rief zurück: »Für diesen
schönen Baumwollanzug 42 Dollar« – ein damals komplett überrissener Preis. Sid tat so, als hätte er nichts verstanden: »Wie viel?« Und Harry wiederholte den Preis:
»42 Dollar!« Jetzt drehte sich Sid zu seinem Kunden um:
»Er sagt 22 Dollar.« An diesem Punkt legte der Kunde
schleunigst die 22 Dollar auf den Tisch und eilte mit dem
teuren Stück aus dem Laden, bevor der arme Sid den
»Fehler« bemerken würde.

Vielleicht kennen Sie das folgende Experiment aus
Ihrer Schulzeit: Sie nehmen zwei Eimer. Den ersten füllen
Sie mit lauwarmem Wasser, den zweiten mit Eiswasser.
Sie tauchen Ihre rechte Hand eine Minute lang ins Eis-

wasser. Danach stecken Sie beide Hände gleichzeitig ins lauwarme Wasser. Was spüren Sie? Links fühlt sich das Wasser lauwarm an, in der rechten heiß.

Die Geschichte von Sid und Harry und das Wasserexperiment basieren beide auf dem *Kontrasteffekt*: Wir beurteilen etwas als schöner, teurer, größer und so weiter, wenn wir zugleich etwas Hässliches, Billiges, Kleines und so weiter vor uns haben. Wir haben Mühe mit absoluten Beurteilungen.

Der *Kontrasteffekt* ist ein häufiger Denkfehler. Sie bestellen Ledersitze für Ihr neues Auto, weil die 3.000 Euro verglichen mit den 60.000, die der Wagen kostet, eine Kleinigkeit sind. Alle Branchen, die von Ausstattungsoptionen leben, spielen mit dieser Täuschung.

Der *Kontrasteffekt* wirkt aber auch anderswo. Experimente zeigen, dass Leute einen Fußweg von zehn Minuten auf sich nehmen, um bei einem Nahrungsmittel zehn Euro zu sparen. Aber niemand käme auf die Idee, einen zehnminütigen Weg auf sich zu nehmen, wenn er einen Anzug am anderen Ende der Straße für 979 statt 989 Euro kaufen könnte. Ein irrationales Verhalten, denn zehn Minuten sind zehn Minuten und zehn Euro sind zehn Euro.

Völlig undenkbar ohne *Kontrasteffekt* ist das Discountgeschäft. Ein Produkt, das von 100 Euro auf 70 reduziert wurde, erscheint billiger als ein Produkt, das schon immer 70 kostete. Dabei darf es doch keine Rolle spielen, welches der Ausgangspreis war. Letzthin hat mir ein Anleger gesagt: »Die Aktie ist billig, denn sie liegt 50 % unter dem Höchstkurs.« Ich schüttelte den Kopf. Ein Börsenkurs ist nie »tief« oder »hoch«. Er ist, was er ist, und es zählt einzig die Frage, ob er ab diesem Punkt steigt oder fällt.

Auf Kontrast reagieren wir wie Vögel auf einen Gewehrschuss. Wir flattern auf und werden aktiv. Die Kehrseite: Kleine, graduelle Veränderungen bemerken wir nicht. Ein Magier klaut Ihnen die Uhr, weil er an einer anderen Stelle Ihres Körpers starken Druck ausübt, sodass Sie die leichte Berührung an Ihrem Handgelenk gar nicht registrieren. Ebenso wenig fällt uns auf, wie unser Geld verschwindet. Es verliert laufend an Wert, aber wir bemerken es nicht, weil die Inflation graduell verläuft. Würde sie uns in Form einer brutalen Steuer auferlegt – was sie im Grunde ist –, wären wir empört.

Der *Kontrasteffekt* kann ganze Leben ruinieren: Eine entzückende Frau heiratet einen ziemlich durchschnittlichen Mann. Warum? Ihre Eltern waren furchtbar, und so erscheint ihr der durchschnittliche Typ besser, als er wirklich ist. Und zum Schluss: Bombardiert von Werbung mit Supermodels erscheinen selbst schöne Frauen als mäßig attraktiv. Wenn Sie als Frau einen Mann suchen, gehen Sie deshalb nie in Begleitung Ihrer Modelfreundinnen aus. Männer werden Sie als weniger attraktiv einschätzen, als Sie in Wahrheit sind. Gehen Sie allein. Noch besser: Nehmen Sie zwei hässliche Freundinnen mit auf die Party.

THE AVAILABILITY BIAS

Warum Sie lieber einen falschen Stadtplan als gar keinen verwenden

»Er hat sein Leben lang jeden Tag drei Schachteln Zigaretten geraucht und wurde über 100 Jahre alt. So schädlich kann Rauchen also nicht sein.« Oder: »Hamburg ist sicher. Ich kenne jemanden, der lebt mitten in Blankenese. Der schließt seine Tür nie ab, nicht einmal, wenn er in den Urlaub fährt, und noch nie wurde bei ihm eingebrochen.« Solche Sätze wollen irgendetwas beweisen – doch sie beweisen überhaupt nichts. Leute, die so reden, sind dem *Availability Bias* verfallen.

Gibt es mehr deutsche Wörter, die mit einem R anfangen oder mit einem R aufhören? Antwort: Es gibt mehr als doppelt so viele deutsche Wörter, die mit einem R enden, als solche, die mit einem R anfangen. Warum liegen die meisten, denen diese Frage gestellt wird, falsch? Weil uns Wörter, die mit R beginnen, schneller einfallen. Anders ausgedrückt: Sie sind verfügbarer.

Der *Availability Bias* (auf Deutsch etwa: Verfügbarkeitsfehler) besagt Folgendes: Wir machen uns ein Bild der Welt anhand der Einfachheit, mit der uns Beispiele einfallen. Was natürlich idiotisch ist, denn draußen in der Wirklichkeit kommt etwas nicht häufiger vor, nur weil wir es uns besser vorstellen können.

Dank dem *Availability Bias* spazieren wir mit einer falschen Risikokarte im Kopf durch die Welt. So überschätzen wir systematisch das Risiko, durch einen Flugzeugabsturz, Autounfall oder Mord umzukommen. Und wir unterschätzen das Risiko, durch weniger sensationelle Arten zu sterben wie Diabetes oder Magenkrebs. Bombenattentate sind viel seltener, als wir meinen, Depressionen viel häufiger. Allem, was spektakulär, grell oder laut ist, schreiben wir eine zu hohe Wahrscheinlichkeit zu. Allem, was stumm und unsichtbar ist, eine zu tiefe. Das Spektakuläre, Grelle, Laute ist dem Hirn verfügbarer als das Gegenteil. Unser Hirn denkt dramatisch, nicht quantitativ.

Ärzte fallen dem *Availability Bias* besonders häufig zum Opfer. Sie haben ihre Lieblingstherapien, die sie auf alle möglichen Fälle anwenden. Es gäbe vielleicht passendere Behandlungen, aber sie sind ihnen gedanklich nicht präsent. Also praktizieren sie, was sie kennen. Unternehmensberater sind nicht besser. Treffen sie auf eine völlig neue Situation, werden sie nicht die Hände über dem Kopf zusammenschlagen und seufzen: »Ich weiß wirklich nicht, was ich Ihnen raten könnte.« Nein, sie werden einen der ihnen geläufigen Beratungsprozesse in Gang setzen – ob er passt oder nicht.

Wird etwas oft wiederholt, machen wir es unserem Hirn sehr leicht, es wieder abzurufen. Dabei muss es nicht einmal wahr sein. Wie oft hat die Nazi-Führung das Wort »Judenfrage« wiederholt, bis die Massen überzeugt waren, dass ein ernsthaftes Problem vorliegt? Man muss die Wörter UFO, Lebensenergie oder Karma nur oft genug wiederholen – plötzlich glaubt man daran.

In Aufsichtsratssesseln steckt der Wurm des *Availability Bias* tief drin. Die Herren diskutieren über das, was das Management ihnen vorlegt – meistens Quartalszahlen –, statt über Dinge, die ihnen das Management *nicht* vorlegt, aber wichtiger wären, zum Beispiel einen geschickten Schachzug der Konkurrenz, das Absacken der Motivation der Belegschaft oder eine unerwartete Veränderung des Kundenverhaltens. Ich beobachte es immer wieder: Menschen verwenden in erster Linie Daten oder Rezepte, die einfach zu beschaffen sind. Auf dieser Basis treffen sie Entscheidungen – mit oft verheerenden Resultaten. Beispiel: Seit zehn Jahren weiß man, dass die sogenannte Black-Scholes-Formel für die Preisberechnung von derivativen Finanzprodukten nicht funktioniert. Aber man hat keine andere. Also verwendet man lieber eine Formel, die falsch ist, als gar keine. Dasselbe mit der »Volatilität«. Sie als Risikomaßstab eines Finanzprodukts zu nehmen, ist falsch. Aber sie ist einfach zu berechnen. Also verwenden wir sie in fast allen Finanzmodellen. So hat der *Availability Bias* den Banken Milliardenschäden beschert. Es ist, als wäre man in einer fremden Stadt ohne Stadtplan, doch in der Tasche findet man die Karte einer anderen Stadt, also verwendet man diese. Lieber eine falsche Karte als gar keine.

Wie hat schon Frank Sinatra gesungen: »Oh, my heart is beating wildly / And it's all because you're here. / When I'm not near the girl I love, / I love the girl I'm near.« Perfekter *Availability Bias.* Zur Gegensteuerung: Tun Sie sich mit Menschen zusammen, die anders denken als Sie, Menschen mit ganz anderen Erfahrungen. Denn allein haben Sie keine Chance, den *Availability Bias* zu besiegen.

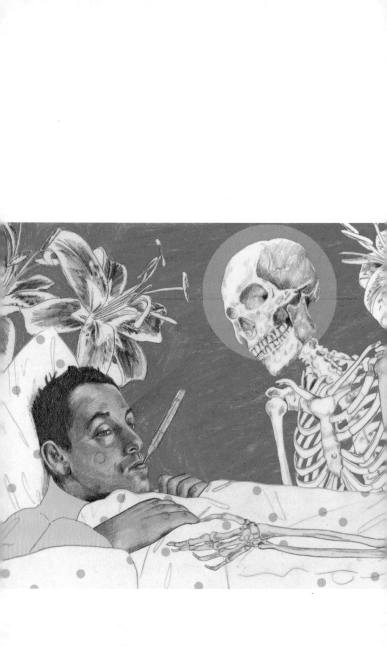

DIE ES-WIRD-SCHLIMMER-BEVOR-ES-BESSER-KOMMT-FALLE

Spricht jemand von einem »schmerzvollen Weg«, sollten Ihre Alarmglocken läuten

Vor einigen Jahren war ich auf Korsika im Urlaub und wurde krank. Die Symptome waren mir neu. Die Schmerzen wuchsen mit jedem Tag. Schließlich beschloss ich, mich untersuchen zu lassen. Der junge Arzt begann mich abzuhören und abzutasten, drückte an meinem Bauch herum, dann an den Schultern, an den Knien. Er tastete Wirbel um Wirbel ab. Langsam vermutete ich, dass er keine Ahnung hatte. Doch ich war unsicher und ließ die Tortur über mich ergehen. Als Zeichen, dass die Untersuchung nun zu Ende sei, zückte er den Notizblock und sagte: »Antibiotika. Nehmen Sie dreimal täglich eine Tablette. Bevor es besser wird, wird es schlechter.« Froh, dass ich nun einen Befund hatte, schleppte ich mich ins Hotelzimmer zurück.

Die Schmerzen wurden tatsächlich schlimmer – wie vorausgesagt. Dieser Arzt wusste also, wovon er sprach. Als die Pein nach drei Tagen nicht nachließ, rief ich an. »Erhöhen Sie die Dosis auf fünfmal pro Tag. Es wird noch eine Weile schmerzen«, sagte er. Ich tat wie verlangt. Nach weiteren zwei Tagen rief ich den Flugrettungsdienst an. Der Arzt in der Schweiz konstatierte Blinddarm und operierte mich sofort. »Warum zum Teufel haben Sie so lange gewartet?«, fragte er mich nach der Operation. »Der Krankheitsverlauf entsprach genau der Vorhersage, also vertraute ich dem jungen Arzt.« »Sie sind der *Es-wird-schlimmer-bevor-es-besser-kommt-Falle* zum Opfer gefallen. Der korsische Arzt hatte keinen blassen Schimmer. Vermutlich ein Aushilfskrankenpfleger, wie sie in der Hochsaison in allen Touristenorten anzutreffen sind.«

Nehmen wir einen andern Fall, einen CEO, der weder ein noch aus wusste. Die Umsätze im Keller. Die Verkäufer unmotiviert. Marketingaktivitäten, die ins Leere liefen. In seiner Verzweiflung heuerte er einen Berater an. Für 5.000 Euro pro Tag analysierte dieser die Firma und kam mit diesem Befund zurück: »Ihre Verkaufsabteilung ist visionslos, und Ihre Marke nicht klar positioniert. Die Situation ist verzwickt. Ich kann das für Sie zurechtrücken. Aber nicht über Nacht. Das Problem ist komplex und die Maßnahmen verlangen Fingerspitzengefühl. Bevor es besser wird, werden die Umsätze nochmals zurückgehen.« Der CEO heuerte den Berater an. Ein Jahr später gingen die Umsätze tatsächlich zurück. Auch im zweiten Jahr. Immer wieder unterstrich der Consultant, dass der Firmenverlauf genau seiner Vorhersage entsprach. Als nach dem dritten Jahr die Umsätze weiter kränkelten, feuerte der CEO den Berater endlich.

Die *Es-wird-schlimmer-bevor-es-besser-kommt-Falle* ist eine Spielvariante des sogenannten *Confirmation Bias*. Ein Fachmann, der nichts von seinem Fach versteht oder unsicher ist, tut gut daran, in diese Trickkiste zu greifen. Geht es weiter bergab, bestätigt sich seine Vorhersage. Geht es unerwarteterweise hinauf, ist der Kunde glücklich, und der Fachmann kann die Verbesserung seinem Können zuschreiben. So oder so – er hat immer recht.

Angenommen, Sie werden Präsident eines Landes und haben nicht die geringste Ahnung, wie das Land zu führen sei. Was tun Sie? Prognostizieren Sie »schwierige Jahre«, fordern Sie Ihre Landsleute auf, den »Gürtel enger zu schnallen«, und versprechen Sie eine Verbesserung der Situation erst nach dieser »heiklen Phase« der »Reinigung«, »Entschlackung«, »Restrukturierung«. Lassen Sie es dabei bewusst offen, wie lange und wie tief das Tal der Tränen sein wird.

Den besten Beleg für den Erfolg dieser Strategie liefert das Christentum: Bevor das Paradies auf Erden kommt, heißt es, muss die Welt zugrunde gehen. Die Katastrophe, die Sintflut, das Weltfeuer, der Tod – sie sind Teil eines größeren Plans und müssen sein. Der Gläubige wird jede Verschlechterung der Situation als Bestätigung der Prophezeiung und jede Verbesserung als Geschenk Gottes erkennen.

Fazit: Sagt jemand: »Es wird schlimmer, bevor es besser wird«, sollten bei Ihnen die Alarmglocken läuten. Aber Vorsicht: Es gibt tatsächlich Situationen, bei denen es erst nochmals runter- und erst dann wieder raufgeht. Ein Karrierewechsel kostet unter Umständen Zeit und ist mit Lohnausfall verbunden. Die Reorganisation eines Firmenbereiches braucht eine gewisse Zeit. Doch in all diesen Fällen sieht man relativ schnell, ob die Maßnahmen greifen. Die Meilensteine sind klar und überprüfbar. Schauen Sie darauf, und nicht in den Himmel.

THE STORY BIAS

Warum selbst die wahren Geschichten lügen

»Wir probieren Geschichten an, wie man Kleider anprobiert«, heißt es bei Max Frisch.

Das Leben ist ein Wirrwarr, schlimmer als ein Wollknäuel. Stellen Sie sich einen unsichtbaren Marsmenschen vor, der mit einem ebenso unsichtbaren Notizbuch in der Hand neben Ihnen hergeht und alles notiert, was Sie tun und denken und träumen. Das Protokoll Ihres Lebens bestünde aus Beobachtungen wie »Kaffee getrunken, zwei Würfelzucker«, »auf einen Reißnagel getreten und die Welt verflucht«, »geträumt: Nachbarin geküsst«, »Urlaub gebucht, Malediven, schweineteuer«, »Haar im Ohr, gleich weggezupft« und so weiter. Dieses Chaos von Einzelheiten zwirnen wir zu einer Geschichte. Wir wollen, dass unser Leben einen Strang bildet, dem wir folgen können. Viele nennen diese Leitschnur »Sinn«. Verläuft unsere Geschichte über Jahre hinweg gerade, nennen wir sie »Identität«.

Dasselbe stellen wir mit den Details der Weltgeschichte an. Wir zwängen sie in eine widerspruchslose Geschichte. Das Resultat? Plötzlich »verstehen« wir zum Beispiel, warum der Versailler Vertrag zum Zweiten Weltkrieg oder warum die lockere Geldpolitik von Alan Greenspan zum

Zusammenbruch von Lehman Brothers geführt hat. Wir verstehen, warum der Eiserne Vorhang fallen musste oder Harry Potter zum Bestseller wurde. Was wir »Verstehen« nennen, hat damals natürlich niemand verstanden. Konnte gar niemand verstehen. Wir konstruieren den »Sinn« nachträglich hinein. Geschichten sind also eine fragwürdige Sache – aber scheinbar können wir nicht ohne. Warum nicht, ist unklar. Klar ist, dass Menschen die Welt zuerst durch Geschichten erklärt haben, bevor sie begannen, wissenschaftlich zu denken. Die Mythologie ist älter als die Philosophie. Das ist der *Story Bias*: Geschichten verdrehen und vereinfachen die Wirklichkeit. Sie verdrängen alles, was nicht so recht hineinpassen will.

In den Medien wütet der *Story Bias* wie eine Seuche. Beispiel: Ein Auto fährt über eine Brücke. Plötzlich kracht die Brücke zusammen. Was werden wir in den Zeitungen am nächsten Tag lesen? Wir werden die Geschichte des Pechvogels hören, der im Auto saß, von wo er kam und wohin er fahren wollte. Wir werden seine Biografie erfahren: geboren in Soundso, aufgewachsen in Soundso, Beruf soundso. Wir werden, falls er überlebt hat und Interviews geben kann, genau hören, wie es sich anfühlte, als die Brücke zusammenkrachte. Das Absurde: Keine einzige dieser Geschichten ist relevant. Relevant ist nämlich nicht der Pechvogel, sondern die Brückenkonstruktion: Wo genau lag der Schwachpunkt? War es Materialermüdung und falls ja, wo? Falls nein, war die Brücke beschädigt? Falls ja, durch was? Oder wurde gar ein grundsätzlich untaugliches Konstruktionsprinzip angewandt? Das Problem bei all diesen relevanten Fragen: Sie lassen sich nicht in eine Geschichte packen. Zu Geschichten fühlen

wir uns hingezogen, von abstrakten Tatsachen abgesto-
ßen. Das ist ein Fluch, denn relevante Aspekte werden zu-
gunsten irrelevanter abgewertet. (Und es ist gleichzeitig
ein Glück, denn sonst gäbe es nur Sachbücher und keine
Romane.)

An welche der folgenden Geschichten würden Sie sich
besser erinnern? A) »Der König starb, und dann starb die
Königin.« B) »Der König starb, und dann starb die Königin
vor Trauer.« Wenn Sie so ticken wie die meisten Menschen, werden Sie die zweite Geschichte besser behalten.
Hier folgen die beiden Tode nicht einfach aufeinander, sondern sind emotional miteinander verknüpft. Geschichte
A ist ein Tatsachenbericht. Geschichte B macht »Sinn«.
Nach der Informationstheorie sollte eigentlich Geschichte
A einfacher zu speichern sein. Sie ist kürzer. Aber so tickt
unser Hirn nicht.

Werbung, die eine Geschichte erzählt, funktioniert besser als das rationale Aufzählen von Produktvorteilen.
Nüchtern betrachtet sind Geschichten zu einem Produkt so
etwas von nebensächlich. Aber so funktioniert unser Hirn
nicht. Es will Geschichten. Meisterhaft beweist dies Google
in dem amerikanischen Super-Bowl-Spot von 2010, der auf
YouTube unter »Google Parisian Love« zu finden ist.

Fazit: Von der eigenen Biografie bis hin zum Weltge-
schehen – alles drechseln wir zu »sinnhaften« Geschichten. Damit verzerren wir die Wirklichkeit – und das
beeinträchtigt die Qualität unserer Entscheidungen. Zur
Gegensteuerung: Pflücken Sie die Geschichten auseinan-
der. Fragen Sie sich: Was will die Geschichte verbergen?
Und zum Training: Versuchen Sie, Ihre eigene Biografie
einmal zusammenhangslos zu sehen. Sie werden staunen.

DER RÜCKSCHAUFEHLER

Warum Sie ein Tagebuch schreiben sollten

Ich habe die Tagebücher meines Großonkels gefunden. Er war 1932 von Lenzburg nach Paris ausgewandert, um sein Glück in der Filmindustrie zu suchen. Im August 1940 – einen Monat nach der deutschen Besetzung von Paris – notiert er: »Hier rechnen alle damit, dass sie Ende des Jahres wieder abziehen. Das bestätigen mir auch die deutschen Offiziere. So schnell, wie Frankreich gefallen ist, wird England fallen. Und dann werden wir endlich wieder unseren Pariser Alltag zurückhaben – wenn auch als Teil von Deutschland.«

Wer heute ein Geschichtsbuch über den Zweiten Weltkrieg aufschlägt, wird mit einer ganz anderen Geschichte konfrontiert. Die vierjährige Besetzung Frankreichs scheint einer stringenten Kriegslogik zu folgen. Rückblickend erscheint der faktische Kriegsverlauf als das wahrscheinlichste aller möglichen Szenarien. Warum? Weil wir Opfer des *Rückschaufehlers* (englisch: »hindsight bias«) sind.

Wer heute die Wirtschaftsprognosen des Jahres 2007 nachliest, ist überrascht, wie positiv damals die Aussichten für die Jahre 2008 bis 2010 ausgefallen sind. Ein Jahr später, 2008, implodierte der Finanzmarkt. Nach den

Ursachen der Finanzkrise befragt, antworten dieselben Experten heute mit einer stringenten Geschichte: Ausweitung der Geldmenge unter Greenspan, lockere Vergabe von Hypotheken, korrupte Ratingagenturen, legere Eigenkapitalvorschriften und so weiter. Die Finanzkrise erscheint rückblickend als vollkommen logisch und zwingend. Und doch hat kein einziger Ökonom – es gibt weltweit rund eine Million davon – ihren genauen Ablauf vorausgesagt. Im Gegenteil: Selten ist eine Expertengruppe dem *Rückschaufehler* so sehr auf den Leim gekrochen.

Der *Rückschaufehler* ist einer der hartnäckigsten Denkfehler überhaupt. Man kann ihn treffend als *Ich-hab's-schon-immer-gewusst-Phänomen* bezeichnen: Rückblickend scheint alles einer einsichtigen Notwendigkeit zu folgen.

Ein CEO, der durch glückliche Umstände zum Erfolg gekommen ist, schätzt die Wahrscheinlichkeit seines Erfolgs rückblickend viel höher ein, als sie objektiv war. Kommentatoren fanden Ronald Reagans gigantischen Wahlsieg über Jimmy Carter im Jahr 1980 nachträglich nachvollziehbar, ja zwingend – obwohl die Wahl bis wenige Tage vor dem Stichtag auf Messers Schneide lag. Wirtschaftsjournalisten schreiben heute, dass die Dominanz von Google unabwendbar gewesen sei – obwohl jeder von ihnen gelächelt hätte, wenn dem Internet-Start-up 1998 eine solche Zukunft prognostiziert worden wäre. Und noch ein besonders krasses Beispiel: Dass ein einziger Schuss in Sarajewo 1914 die Welt für die nächsten 30 Jahre komplett umpflügen und 50 Millionen Menschenleben kosten würde, scheint rückblickend tragisch, aber plausibel. Jedes Kind lernt es in der Schule. Doch damals, 1914, hätte sich niemand vor einer solchen Eskalation gefürchtet. Zu absurd hätte sie geklungen.

Warum ist der *Rückschaufehler* so gefährlich? Weil er uns glauben macht, wir seien bessere Vorhersager, als wir es tatsächlich sind. Das macht uns arrogant und verleitet uns zu falschen Entscheidungen. Und das durchaus auch bei privaten »Theorien«: »Hast du gehört? Sylvia und Klaus sind nicht mehr zusammen. Das konnte ja nur schiefgehen, so verschieden, wie die beiden sind.« Oder: »Das konnte ja nur schiefgehen, die beiden sind sich einfach zu ähnlich.« Oder: »Das konnte ja nur schiefgehen, die beiden klebten ja immer aneinander.« Oder: »Das konnte ja nur schiefgehen, die sahen sich ja kaum.«

Den *Rückschaufehler* zu bekämpfen, ist nicht einfach. Studien haben gezeigt, dass Leute, die ihn kennen, genauso häufig in die Falle tappen wie alle anderen. Insofern haben Sie beim Lesen dieses Kapitels Zeit verschwendet.

Doch noch ein Tipp, mehr aus persönlicher denn aus wissenschaftlicher Erfahrung: Führen Sie ein Tagebuch. Schreiben Sie Ihre Vorhersagen – zu Politik, Karriere, Körpergewicht, Börse – nieder. Vergleichen Sie Ihre Notizen von Zeit zu Zeit mit der tatsächlichen Entwicklung. Sie werden erstaunt sein, welch schlechter Prognostiker Sie sind. Und: Lesen Sie Geschichte ebenso. Nicht die nachträglichen, kompakten Theorien. Sondern lesen Sie die Tagebücher, Zeitungsausschnitte, Protokolle aus jener Zeit. Das wird Ihnen ein viel besseres Gefühl für die Unvorhersehbarkeit der Welt geben.

DAS CHAUFFEUR-WISSEN

Warum Sie Nachrichtensprecher nicht ernst nehmen dürfen

Nachdem er den Physik-Nobelpreis 1918 erhalten hatte, ging Max Planck auf Tournee durch ganz Deutschland. Wo auch immer er eingeladen wurde, hielt er denselben Vortrag zur neuen Quantenmechanik. Mit der Zeit wusste sein Chauffeur den Vortrag auswendig. »Es muss Ihnen langweilig sein, Herr Professor Planck, immer denselben Vortrag zu halten. Ich schlage vor, dass ich das für Sie in München übernehme, und Sie sitzen in der vordersten Reihe und tragen meine Chauffeur-Mütze. Das gäbe uns beiden ein bisschen Abwechslung.« Planck war amüsiert und einverstanden, und so hielt der Chauffeur vor einem hochkarätigen Publikum den langen Vortrag zur Quantenmechanik. Nach einer Weile meldete sich ein Physikprofessor mit einer Frage. Der Chauffeur antwortete: »Nie hätte ich gedacht, dass in einer so fortschrittlichen Stadt wie München eine so einfache Frage gestellt würde. Ich werde meinen Chauffeur bitten, die Frage zu beantworten.«

Nach Charlie Munger, einem der weltbesten Investoren, von dem ich die Planck-Geschichte habe, gibt es zwei Arten von Wissen. Zum einen das echte Wissen. Es stammt von Menschen, die ihr Wissen mit einem großen

Einsatz von Zeit und Denkarbeit bezahlt haben. Zum anderen eben das *Chauffeur-Wissen*. Die *Chauffeure* im Sinne von Mungers Geschichte sind Leute, die so tun, als würden sie wissen. Sie haben gelernt, eine Show abzuziehen. Sie besitzen vielleicht eine tolle Stimme oder sehen überzeugend aus. Doch das Wissen, das sie verbreiten, ist hohl. Eloquent verschleudern sie Worthülsen.

Leider wird es immer schwieriger, das echte Wissen vom *Chauffeur-Wissen* zu trennen. Bei den Nachrichtensprechern ist es noch einfach. Das sind Schauspieler. Punkt. Jeder weiß es. Und doch überrascht es immer wieder, welchen Respekt man diesen Meistern der Floskeln zollt. Sie werden für viel Geld eingeladen, Panels und Podien zu moderieren, deren Themen sie kaum gewachsen sind.

Bei den Journalisten ist es schon schwieriger. Hier gibt es einige, die sich solides Wissen angeeignet haben. Oft die älteren Semester, Journalisten, die sich über Jahre auf einen klar umrissenen Themenkranz spezialisiert haben. Sie sind ernsthaft bemüht, die Komplexität eines Sachverhalts zu verstehen und abzubilden. Sie schreiben tendenziell lange Artikel, die eine Vielzahl von Fällen und Ausnahmen beleuchten.

Die Mehrheit der Journalisten fällt leider in die *Chauffeur*-Kategorie. In kürzester Zeit zaubern sie Artikel zu jedem beliebigen Thema aus dem Hut, oder besser: aus dem Internet. Ihre Texte sind einseitig, kurz und – oft als Kompensation für ihr *Chauffeur-Wissen* – ironisch.

Je größer eine Unternehmung, desto mehr erwartet man vom CEO Showqualität – sogenannte kommunikative Kompetenz. Ein stiller, verstockter, aber seriöser Schaffer, das geht nicht, zumindest nicht an der Spitze. Die Aktionäre und Wirtschaftsjournalisten glauben offenbar, dass ein Showman für bessere Resultate sorgt – was natürlich nicht der Fall ist.

Warren Buffett – Charlie Mungers Partner – verwendet einen wunderbaren Begriff: »Circle of Competence«. Zu Deutsch: Kompetenzkreis. Was innerhalb des Kreises liegt, versteht man wie ein Profi. Was außerhalb liegt, versteht man nicht oder nur zum Teil. Buffetts Lebensmotto: »Kennen Sie Ihren Kompetenzkreis, und bleiben Sie darin. Es ist nicht so furchtbar wichtig, wie groß dieser Kreis ist. Aber es ist furchtbar wichtig zu wissen, wo genau die Kreislinie verläuft.« Charlie Munger doppelt nach: »Sie müssen herausfinden, wo Ihre Talente liegen. Falls Sie Ihr Glück außerhalb Ihres Kompetenzkreises versuchen, werden Sie eine lausige Karriere haben. Ich kann es Ihnen fast garantieren.«

Fazit: Misstrauen Sie dem *Chauffeur-Wissen*. Verwechseln Sie den Firmensprecher, den Showman, den Nachrichtensprecher, den Plauderer, den Worthülsenbastler, den Klischeekolporteur nicht mit einem wirklich Wissenden. Wie erkennen Sie den? Es gibt ein klares Signal. Wirklich Wissende wissen, was sie wissen – und was nicht. Befindet sich jemand von diesem Kaliber außerhalb seines »Kompetenzkreises«, sagt er entweder gar nichts oder: »Das weiß ich nicht.« Er sagt diesen Satz ohne Pein, ja sogar mit einem gewissen Stolz. Von *Chauffeuren* hört man alles andere, nur diesen Satz nicht.

DIE KONTROLLILLUSION

Sie haben weniger unter Kontrolle, als Sie denken

Jeden Tag, kurz vor neun Uhr, stellt sich ein Mann mit einer roten Mütze auf einen Platz und beginnt, die Mütze wild hin und her zu schwenken. Nach fünf Minuten verschwindet er wieder. Eines Tages tritt ein Polizist vor ihn: »Was tun Sie da eigentlich?« »Ich vertreibe die Giraffen.« »Es gibt keine Giraffen hier.« »Tja, ich mach eben einen guten Job.«

Ein Freund mit Beinbruch, ans Bett gefesselt, bat mich, für ihn am Kiosk einen Lottoschein zu kaufen. Ich kreuzte sechs Zahlen an, schrieb seinen Namen drauf und bezahlte. Als ich ihm die Kopie des Lottozettels überreichte, sagte er unwirsch: »Warum hast *du* den Zettel ausgefüllt? *Ich* wollte ihn ausfüllen. Mit deinen Zahlen werde ich bestimmt nichts gewinnen!« »Denkst du wirklich, du kannst die Kugeln durch dein eigenhändiges Ankreuzen irgendwie beeinflussen?«, entgegnete ich. Er schaute mich verständnislos an.

Im Kasino werfen die meisten Menschen die Würfel möglichst kraftvoll, wenn sie eine hohe Zahl brauchen, und möglichst sanft, wenn sie auf eine tiefe hoffen. Was natürlich ebenso Unsinn ist wie die Hand- und Fußbewegungen von Fußballfans, die tun, als könnten sie selbst ins Spiel eingreifen. Diese Illusion teilen sie mit vielen Menschen: Sie wollen die Welt beeinflussen, indem sie gute Gedanken (Schwingungen, Energie, Karma) verschicken.

Die *Kontrollillusion* ist die Tendenz, zu glauben, dass wir etwas kontrollieren oder beeinflussen können, über das wir objektiv keine Macht haben. Entdeckt wurde sie 1965 von den beiden Forschern Jenkins und Ward. Die Versuchsanordnung war einfach: zwei Schalter und ein Licht, das entweder an oder aus war. Jenkins und Ward konnten einstellen, wie stark die Schalter und das Licht miteinander korrelierten. Selbst in den Fällen, in denen die Lampe vollkommen zufällig ein- und ausschaltete, waren die Versuchsteilnehmer überzeugt, durch das Drücken der Schalter das Licht irgendwie beeinflussen zu können.

Ein amerikanischer Wissenschaftler hat die akustische Schmerzempfindlichkeit untersucht, indem er Menschen in einen Schallraum einschloss und den Lautstärkepegel kontinuierlich erhöhte, bis die Probanden abwinkten. Es standen zwei identische Schallräume A und B zur Verfügung – mit einem Unterschied: Raum B hatte einen roten Panikknopf an der Wand. Das Ergebnis? Menschen im Raum B ertrugen deutlich mehr Lärm. Der Witz war, dass der Panikknopf nicht einmal funktionierte. Die Illusion allein genügte, um die Schmerzgrenze zu heben. Wenn Sie Alexander Solschenizyn, Victor Frankl oder Primo Levi gelesen haben, dürfte Sie dieses Ergebnis nicht überraschen. Die Illusion, dass man das eigene Schicksal doch ein klein wenig beeinflussen kann, ließ diese Gefangenen jeden Tag von Neuem überleben.

Wer als Fußgänger in Manhattan die Straße überqueren will und auf den Ampelknopf drückt, drückt auf einen Knopf ohne Funktion. Warum gibt es ihn dann überhaupt? Um die Fußgänger glauben zu machen, sie hätten einen Einfluss auf die Signalsteuerung. So ertragen sie die Warterei vor der Ampel nachweislich besser. Dasselbe mit »Tür-auf-Tür-zu«-Knöpfen in vielen Aufzügen, die nicht mit der Liftsteuerung verbunden sind. Die Wissenschaft nennt sie »Placeboknöpfe«. Oder die Temperaturregulierung in Großraumbüros: Den einen ist es zu heiß, den anderen zu kalt. Clevere Techniker machen sich die *Kontrollillusion* zunutze, indem sie auf jeder Etage einen falschen Temperaturregulierungsknopf anbringen. Die Anzahl der Reklamationen geht damit deutlich zurück.

Notenbanker und Wirtschaftsminister spielen auf einer ganzen Klaviatur von Placeboknöpfen. Dass die Knöpfe nicht funktionieren, sieht man seit 20 Jahren in Japan und seit einigen Jahren in den USA. Und doch lassen wir den Wirtschaftslenkern die Illusion – und sie uns. Es wäre für alle Beteiligten unerträglich, sich einzugestehen, dass die Weltwirtschaft ein fundamental unsteuerbares System ist.

Und Sie? Haben Sie Ihr Leben im Griff? Wahrscheinlich weniger, als Sie denken. Glauben Sie nicht, Sie seien ein stoisch-kontrollierter Marc Aurel. Eher sind Sie der Mann mit der roten Mütze. Deshalb: Konzentrieren Sie sich auf die wenigen Dinge, die Sie wirklich beeinflussen können – und von denen konsequent nur auf die wichtigsten. Alles andere lassen Sie geschehen.

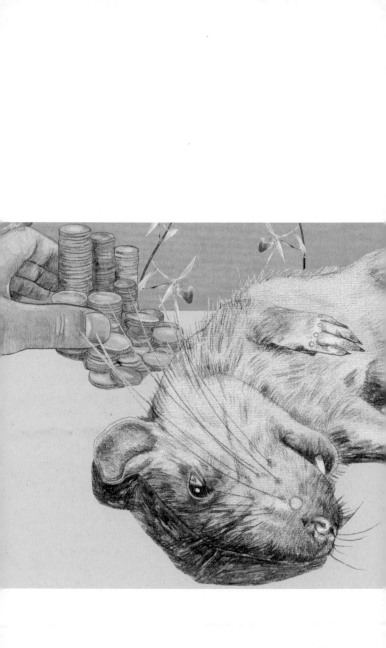

DIE INCENTIVE-SUPERRESPONSE-TENDENZ

Warum Sie Ihren Anwalt nicht nach Aufwand
bezahlen sollten

Die französische Kolonialherrschaft in Hanoi verabschie-
dete ein Gesetz: Für jede tote Ratte, die man ablieferte,
gab es Geld. Damit wollte man der Rattenplage Herr werden. Das Gesetz führte dazu, dass Ratten gezüchtet wurden.

Als 1947 die Schriftrollen vom Toten Meer entdeckt
wurden, setzten Archäologen einen Finderlohn für jedes
neue Pergament aus. Resultat: Die Pergamente wurden
zerrissen, um ihre Anzahl zu erhöhen. Dasselbe geschah
in China im 19. Jahrhundert, als man einen Finderlohn für
Dinosaurierknochen aussetzte. Die Bauern gruben vollständig erhaltene Dinosaurierknochen aus, zertrümmer-
ten sie und kassierten.

Der Aufsichtsrat eines Unternehmens versprach dem
Management einen Bonus bei Zielerreichung. Was pas-
sierte? Die Manager verwendeten mehr Energie darauf,
möglichst tiefe Ziele zu vereinbaren, statt darauf, gewinn-
bringend zu wirtschaften.

Dies sind Beispiele der *Incentive-Superresponse-Tendenz*
(auf Deutsch etwa: Anreizsensitivität). Sie beschreibt zunächst einen banalen Sachverhalt: Menschen reagieren
auf Anreizsysteme. Das verwundert nicht. Menschen tun,

was in ihrem Interesse liegt. Erstaunlich sind zwei Nebenaspekte. Erstens: wie schnell und radikal Menschen ihr Verhalten ändern, wenn Anreize ins Spiel kommen oder verändert werden. Zweitens: dass Menschen auf die Anreize reagieren, aber nicht auf die Absicht hinter den Anreizen.

Gute Anreizsysteme bringen Absicht und Anreiz in Deckung. Ein Beispiel: Im alten Rom musste der Ingenieur einer Brücke unter dem Brückenbogen stehen, als sie eröffnet wurde. Ein ziemlich guter Ansporn, die Brücke stabil genug zu bauen. Schlechte Anreizsysteme hingegen schießen an der Absicht vorbei oder pervertieren sie gar. So macht etwa die Zensur eines Buches dessen Inhalte in der Regel erst recht bekannt. Oder Banksachbearbeiter, die pro abgeschlossenen Kreditvertrag bezahlt werden: Sie werden ein miserables Kreditportfolio anhäufen.

Möchten Sie das Verhalten von Menschen oder Organisationen beeinflussen? Dann können Sie Werte und Visionen predigen. Sie können an die Vernunft appellieren. Doch fast immer ist es einfacher, über Anreize zu gehen. Dabei müssen die Anreize nicht monetär sein. Von Schulnoten über Nobelpreise bis hin zu einer Spezialbehandlung im nächsten Leben ist alles denkbar.

Lange Zeit habe ich mich gefragt, warum sich geistig gesunde, vorwiegend adlige Menschen im Hochmittelalter aufs Pferd geschwungen haben, um sich an den Kreuzzügen zu beteiligen. Der beschwerliche Ritt nach Jerusalem dauerte mindestens sechs Monate und führte durch feindliches Gebiet. All dies war den Teilnehmern bekannt. Wozu das Hasardspiel? Eine Frage der Anreizsysteme.

Kam man lebend zurück, durfte man die Kriegsbeute behalten. Starb man, ging man automatisch als Märtyrer ins Jenseits ein – mit allen Benefits, die der Märtyrerstatus versprach. Man konnte nur gewinnen.

Anwälte, Architekten, Berater, Wirtschaftsprüfer oder Fahrlehrer nach Aufwand zu bezahlen, ist idiotisch. Diese Leute haben einen Anreiz, möglichst viel Aufwand zu generieren. Machen Sie deshalb vorab einen fixen Preis aus. Ein Facharzt wird immer ein Interesse haben, Sie möglichst umfassend zu behandeln und zu operieren – selbst wenn es nicht nötig ist. Anlageberater »empfehlen« Ihnen jene Finanzprodukte, auf denen sie eine Verkaufskommission erhalten. Und die Businesspläne von Unternehmern und Investmentbankern sind wertlos, da diese Leute ein direktes Interesse an einer Transaktion haben. Wie sagt das alte Sprichwort? »Frage nie einen Friseur, ob du einen Haarschnitt brauchst.«

Fazit: Seien Sie auf der Hut vor der *Incentive-Superresponse-Tendenz*. Wenn Sie das Verhalten eines Menschen oder einer Organisation erstaunt, fragen Sie sich, welches Anreizsystem dahintersteckt. Ich garantiere Ihnen, dass Sie 90 % des Verhaltens so erklären können. Leidenschaft, geistige Schwäche, psychische Störungen oder Bosheit machen höchstens 10 % aus.

Der Investor Charlie Munger besuchte ein Geschäft für Fischereizubehör. Plötzlich blieb er vor einem Gestell stehen, nahm einen auffällig glitzernden Plastikköder zur Hand und fragte den Ladenbesitzer: »Sag mal, stehen Fische wirklich auf solches Zeug?« Der lächelte: »Charlie, wir verkaufen nicht an Fische.«

DIE REGRESSION ZUR MITTE

Die zweifelhafte Leistung von Ärzten, Beratern, Coachs und Psychotherapeuten

Seine Rückenschmerzen waren mal stärker, mal schwächer. Es gab Tage, an denen er sich vorkam wie ein junges Reh, und solche, an denen er sich kaum bewegen konnte. Wenn das der Fall war – zum Glück selten –, fuhr ihn seine Frau zum Chiropraktiker. Am Tag danach ging es ihm jeweils deutlich besser. Er empfahl seinen Therapeuten weit herum.

Ein anderer Mann, jünger und mit einem beachtlichen Golf-Handicap (Mittelwert zwölf), schwärmte in ähnlich hohen Tönen von seinem Golflehrer. Wann immer sein Spiel miserabel war, buchte er anschließend eine Stunde beim Pro, und siehe da, das nächste Mal schlug er wieder besser.

Ein dritter Mann, Anlageberater bei einer renommierten Bank, erfand eine Art »Regentanz«, den er immer dann im Klo aufführte, nachdem seine Performance an der Börse in den tiefroten Bereich gerutscht war. So absurd er sich dabei vorkam, so förderlich schien ihm der Tanz: Seine Performance an der Börse verbesserte sich nachweislich. Was die drei Männer verbindet, ist ein Trugschluss: der *Regression-zur-Mitte-Irrtum* (englisch: regression toward the mean).

Angenommen, Sie erleben gerade einen Kälterekord an Ihrem Wohnort. Mit großer Wahrscheinlichkeit wird die Temperatur in den folgenden Tagen ansteigen – in Richtung des monatlichen Mittelwerts. Dasselbe bei extremen Hitze-, Dürre- oder Regenperioden. Das Wetter schwankt um einen Mittelwert herum. Dasselbe gilt für chronische Schmerzen, Golf-Handicaps, Börsenleistungen, Glück in der Liebe, subjektives Wohlbefinden, berufliche Erfolge, Prüfungsnoten. Kurzum, die horrenden Rückenschmerzen hätten mit großer Wahrscheinlichkeit auch ohne Chiropraktiker abgenommen. Das Handicap hätte sich auch ohne Zusatzlektionen wieder bei zwölf eingependelt. Und die Performance des Anlageberaters wäre auch ohne »Regentanz« wieder in Richtung Durchschnitt gewandert.

Extreme Leistungen wechseln sich mit weniger extremen ab. Die erfolgreichste Aktie der letzten drei Jahre wird kaum mehr die erfolgreichste Aktie der nächsten drei Jahre sein. Deshalb auch die Angst vieler Sportler, wenn sie es auf die Titelseiten der Zeitungen schaffen: Unbewusst ahnen sie, dass sie beim nächsten Wettkampf wohl nicht mehr dieselbe Spitzenleistung erzielen werden – was natürlich nichts mit der Titelseite zu tun hat, sondern mit der natürlichen Schwankung ihrer Leistung.

Nehmen Sie das Beispiel eines Bereichsleiters, der die Mitarbeitermotivation in seinem Unternehmen fördern möchte, indem er die unmotiviertesten 3 % seiner Belegschaft in einen Motivationskurs schickt. Das Ergebnis? Wenn er das nächste Mal Daten zur Motivation erhebt, werden diese Personen nicht mehr alle in den untersten 3 % liegen – dafür andere. Hat sich der Kurs gelohnt? Schwer zu sagen, denn die miserable Motivation dieser Leute hätte sich vermutlich auch ohne Training wieder um ihren persönlichen Durchschnitt eingependelt. Ähnlich verhält es sich mit Patienten, die wegen einer Depression hospitalisiert werden. Sie verlassen die Klinik üblicherweise weniger depressiv. Gut möglich allerdings, dass der Klinikaufenthalt vollkommen nutzlos war.

Noch ein Beispiel: In Boston wurden die Schulen mit den schlechtesten Testresultaten einem aufwendigen Förderprogramm unterzogen. Im folgenden Jahr landeten diese Schulen nicht mehr auf den untersten Rängen – eine Verbesserung, die die staatliche Aufsichtsbehörde dem Förderprogramm und nicht der natürlichen *Regression zur Mitte* zuschrieb.

Die *Regression zur Mitte* zu ignorieren, kann verheerende Folgen haben: So kommen etwa Lehrer (oder Manager) zum Schluss, Strafen seien wirkungsvoller als Lob. Der Schüler mit dem besten Prüfungsergebnis wird gelobt. Der Schüler mit dem schlechtesten getadelt. In der nächsten Prüfung werden – rein stochastisch – vermutlich andere Schüler die obersten und untersten Spitzenplätze belegen. Der Lehrer schließt daraus: Tadel hilft und Lob schadet. Ein Trugschluss.

Fazit: Wenn Sie Sätze hören wie: »Ich war krank, ging zum Arzt, jetzt bin ich gesund, also hat mir der Arzt geholfen« oder »Die Firma hatte ein schlechtes Jahr, wir holten uns einen Berater ins Haus, jetzt ist das Resultat wieder normal«, kann der *Regression-zur-Mitte-Irrtum* im Spiel sein.

DIE TRAGIK DER ALLMENDE

Warum vernünftige Menschen nicht an die Vernunft appellieren

Stellen Sie sich ein saftiges Stück Land vor, das allen Bauern einer Stadt zur Verfügung steht. Es ist zu erwarten, dass jeder Bauer so viele Kühe wie möglich zum Weiden auf diese Wiese schickt. Das funktioniert, solange gewildert wird oder Krankheiten grassieren, kurz: solange die Anzahl Kühe eine bestimmte Zahl nicht überschreitet, das Land also nicht ausgebeutet wird. Sobald dies aber nicht mehr der Fall ist, schlägt die schöne Idee der Allmende in Tragik um. Als rationaler Mensch versucht jeder Bauer, seinen Gewinn zu maximieren. Er fragt sich: »Welchen Nutzen ziehe *ich* daraus, wenn ich eine zusätzliche Kuh auf die Allmende schicke?« Für den Bauern ergibt sich ein zusätzlicher Nutzen von einer Kuh, die er verkaufen kann, also »+1«. Der Nachteil der Überweidung durch die eine zusätzliche Kuh wird von allen getragen. Für den einzelnen Bauern beträgt der damit verbundene Verlust nur ein Bruchteil von »−1«. Aus seiner Sicht ist es rational, das zusätzliche Tier auf die Wiese zu schicken. Und noch ein Tier. Und noch eins. Bis die Allmende kollabiert.

Die *Tragik der Allmende* ist – im wahrsten Sinne des Wortes – ein Gemeinplatz. Der große Irrtum besteht darin, zu hoffen, dass sie sich über Erziehung, Aufklärung, Informationskampagnen, Appelle an die »sozialen Gefühle«, päpstliche Bullen oder Popstar-Predigten aus der Welt schaffen lassen werde. Wird sie nicht. Wer das Allmende-Problem wirklich angehen will, hat nur zwei Möglichkeiten: Privatisierung oder Management. Konkret: Das saftige Stück Land wird in private Hände gelegt, oder der Zugang zur Weide wird geregelt. Alles andere führt nach dem amerikanischen Biologen Garrett Hardin ins Verderben. Management kann zum Beispiel bedeuten, dass ein Staat Regeln aufstellt: Vielleicht wird eine Nutzungsgebühr eingeführt, vielleicht gibt es zeitliche Beschränkungen, vielleicht wird nach Augenfarbe (der Bauern oder der Kühe) entschieden, wer den Vorzug erhält.

Die Privatisierung ist die einfachere Lösung, aber auch fürs Management lässt sich argumentieren. Warum tun wir uns mit beidem so schwer? Warum hängen wir immer wieder der Idee der Allmende nach? Weil uns die Evolution nicht auf dieses soziale Dilemma vorbereitet hat. Zwei Gründe. Erstens: Während fast der gesamten Menschheitsgeschichte standen uns unbeschränkte Ressourcen zur Verfügung. Zweitens: Bis vor 10.000 Jahren lebten wir in Kleingruppen von ca. 50 Menschen. Jeder kannte jeden. War jemand auf seinen alleinigen Vorteil bedacht und nützte die Gemeinschaft aus, wurde das sofort registriert, gerächt und mit der schlimmsten aller Strafen belegt: Rufschädigung. Im Kleinen funktioniert die Sanktion durch Scham noch heute: Ich hüte mich, auf einer Party den Kühlschrank meiner Freunde zu plündern, obwohl kein Polizist danebensteht. Doch in einer anonymen Gesellschaft spielt sie keine Rolle mehr.

Überall dort, wo der Nutzen beim Einzelnen anfällt, die Kosten aber bei der Gemeinschaft, lauert die *Tragik der Allmende*: CO_2-Ausstoß, Abholzung, Wasserverschmutzung, Bewässerung, Übernutzung der Radiofrequenzen, öffentliche Toiletten, Weltraumschrott, Banken, die »too big to fail« sind. Das heißt aber nicht, dass eigennütziges Verhalten absolut unmoralisch ist. Der Bauer, der eine zusätzliche Kuh auf die Allmende schickt, ist kein Unmensch. Die *Tragik* ist bloß ein Effekt, der eintritt, wenn die Gruppengröße ungefähr 100 Menschen übersteigt und wir an die Grenze der Regenerationskapazität von Systemen stoßen. Es braucht keine besondere Intelligenz, um zu erkennen, dass wir in zunehmendem Maß mit diesem Thema konfrontiert sein werden.

Eigentlich ist die *Tragik der Allmende* das Gegenstück von Adam Smiths »unsichtbarer Hand«. In bestimmten Situationen führt die unsichtbare Hand des Marktes nicht zu einem Optimum – im Gegenteil.

Natürlich: Es gibt Leute, die sehr darauf bedacht sind, den Effekt ihres Handelns auf die Menschheit und das Ökosystem zu berücksichtigen. Doch jede Politik, die auf solche Eigenverantwortung setzt, ist blauäugig. Wir dürfen nicht mit der sittlichen Vernunft des Menschen rechnen. Wie sagt Upton Sinclair so schön: »Es ist schwierig, jemanden etwas verstehen zu machen, wenn sein Einkommen davon abhängt, es nicht zu verstehen.«

Kurzum, es gibt nur die beiden besagten Lösungen: Privatisierung oder Management. Was unmöglich zu privatisieren ist – die Ozonschicht, die Meere, die Satellitenumlaufbahnen –, das muss man managen.

THE OUTCOME BIAS

Beurteilen Sie nie eine Entscheidung aufgrund des Ergebnisses

Ein kleines Gedankenexperiment. Nehmen wir an, eine Million Affen spekulieren an der Börse. Sie kaufen und verkaufen Aktien wie wild und natürlich rein zufällig. Was passiert? Nach einem Jahr hat ungefähr die Hälfte der Affen mit ihren Anlagen einen Gewinn eingefahren, die andere Hälfte einen Verlust. Auch im zweiten Jahr wird die eine Hälfte der Affenbande unterm Strich gewinnen, die andere Hälfte verlieren. Und so weiter. Nach zehn Jahren bleiben etwa 1.000 Affen übrig, die ihre Aktien immer richtig angelegt haben. Nach 20 Jahren wird genau ein Affe immer richtig investiert haben – er ist Milliardär. Nennen wir ihn den »Erfolgsaffen«.

Wie reagieren die Medien? Sie werden sich auf dieses Tier stürzen, um seine »Erfolgsprinzipien« zu ergründen. Und man wird sie finden: Vielleicht frisst der Erfolgsaffe mehr Bananen als die anderen, vielleicht sitzt er in einer anderen Ecke des Käfigs, vielleicht hangelt er sich kopfüber durch die Äste, oder er macht beim Lausen lange Denkpausen. Irgendein Erfolgsrezept muss er ja haben, nicht wahr? Wie könnte er sonst eine solch fulminante Performance hinlegen? Einer, der 20 Jahre lang immer richtig getippt hat, bloß ein unwissender Affe? Unmöglich!

Die Affengeschichte illustriert den *Outcome Bias*: unsere Tendenz, Entscheidungen anhand des Ergebnisses zu bewerten – und nicht aufgrund des damaligen Entscheidungsprozesses. Ein Denkfehler, der auch als *Historikerirrtum* bekannt ist. Ein klassisches Beispiel ist der Angriff der Japaner auf Pearl Harbor. Hätte der Militärstützpunkt evakuiert werden sollen oder nicht? Aus heutiger Sicht: ganz klar, denn es gab jede Menge Hinweise, dass ein Angriff unmittelbar bevorstand. Die Signale erscheinen allerdings erst rückblickend so klar. Damals, 1941, gab es eine Unmenge widersprüchlicher Hinweise. Die einen deuteten auf einen Angriff hin, die anderen nicht. Um die Qualität der Entscheidung (evakuieren oder nicht) zu bewerten, muss man sich in die Informationslage jener Zeit hineinversetzen und alles ausfiltern, was wir nachträglich darüber wissen (vor allem die Tatsache, dass Pearl Harbor tatsächlich angegriffen wurde).

Ein anderes Gedankenexperiment. Sie haben die Leistung von drei Herzchirurgen zu bewerten. Dazu lassen Sie jeden Chirurgen fünf schwierige Operationen durchführen. Über die Jahre hat sich die Todeswahrscheinlichkeit bei diesen Eingriffen bei 20 % eingependelt. Das konkrete Ergebnis: Bei Chirurg A stirbt keiner der fünf Patienten. Bei Chirurg B einer. Bei Chirurg C zwei. Wie bewerten Sie die Leistung von A, B und C? Wenn Sie so ticken wie die meisten Menschen, dann werden Sie A als den besten, B als den zweitbesten und C als den schlechtesten Chirurgen bezeichnen. Und damit sind Sie genau dem *Outcome Bias* verfallen. Sie ahnen schon, warum: Die Stichproben sind zu klein und das Ergebnis ist entsprechend nichtssagend. Wie also die drei Chirurgen bewerten? Wirklich beurteilen können Sie die Chirurgen nur, wenn Sie etwas von deren Handwerk verstehen und die Vorbereitung und Durchführung der OP genau beobachten. Indem Sie also den *Prozess* und nicht das Ergebnis beurteilen. Oder, zweitens, indem Sie eine viel größere Stichprobe ziehen: 100 Operationen oder 1.000. Wir werden in einem anderen Kapitel auf das Problem zu kleiner Stichproben eingehen. Hier genügt es, zu verstehen: Bei einem durchschnittlichen Chirurgen stirbt mit einer Wahrscheinlichkeit von 33 % keiner, mit 41 % einer und mit 20 % sterben zwei Patienten. Die drei Chirurgen anhand des Ergebnisses zu beurteilen, wäre nicht nur fahrlässig, sondern unethisch.

Fazit: Beurteilen Sie nie eine Entscheidung nur aufgrund des Ergebnisses. Ein schlechtes Ergebnis bedeutet nicht automatisch, dass die Entscheidung schlecht getroffen wurde – und umgekehrt. Statt also mit einer Entscheidung zu hadern, die sich als falsch erwiesen hat, oder sich für eine Entscheidung auf die Schulter zu klopfen, die vielleicht rein zufällig zum Erfolg führte, sollten Sie sich besser noch einmal vor Augen halten, *warum* Sie so entschieden haben. Aus vernünftigen, nachvollziehbaren Gründen? Dann tun Sie gut daran, nächstes Mal wieder so zu handeln. Selbst wenn Sie letztes Mal Pech gehabt haben.

DAS AUSWAHL-PARADOX

Warum mehr weniger ist

Meine Schwester und ihr Mann haben eine Wohnung im Rohbau gekauft. Seither können wir nicht mehr normal miteinander reden. Seit zwei Monaten dreht sich alles nur noch um die Kacheln fürs Badezimmer. Keramik, Granit, Marmor, Metall, Kunststein, Holz, Glas und Laminat in allen Spielarten stehen zur Auswahl. Noch selten habe ich meine Schwester in einer solchen Qual erlebt. »Die Auswahl ist einfach zu groß!«, sagt sie, schlägt die Hände über dem Kopf zusammen und wendet sich wieder dem Katalog der Plattenmuster zu, ihrem ständigen Begleiter.

Ich habe nachgezählt und nachgefragt. Das Lebensmittelgeschäft in meiner Nachbarschaft bietet 48 Sorten Joghurt, 134 verschiedene Rotweine, 64 Arten von Reinigungsprodukten, insgesamt 30.000 Artikel. Beim Internetbuchhändler Amazon sind zwei Millionen Titel lieferbar. Dem heutigen Menschen stehen über 500 psychische Krankheitsbilder, Tausende verschiedener Berufe, 5.000 Feriendestinationen und eine unendliche Vielfalt an Lebensstilen zur Verfügung. Mehr Auswahl war nie.

Als ich klein war, gab es drei Arten von Joghurt, drei Fernsehkanäle, zwei Kirchen, zwei Sorten Käse (Tilsiter rezent oder mild), eine Sorte Fisch (Forelle) und eine Art von Telefonapparat – von der Schweizer Post zur Verfügung gestellt. Der schwarze Kasten mit der Wählscheibe konnte nichts anderes als telefonieren, und das reichte damals völlig. Wer heute einen Handyladen betritt, droht in einer Lawine an Handymodellen und Tarifvereinbarungen zu ersticken.

Und doch: Auswahl ist die Messlatte des Fortschritts. Auswahl ist, was uns von der Planwirtschaft und der Steinzeit unterscheidet. Ja: Auswahl macht glücklich. Es gibt allerdings eine Grenze, bei der zusätzliche Auswahl Lebensqualität vernichtet. Der Fachbegriff dafür lautet *The Paradox of Choice*. Auf Deutsch etwa: das *Auswahl-Paradox*.

In seinem Buch *Anleitung zur Unzufriedenheit* beschreibt der amerikanische Psychologe Barry Schwartz, warum das so ist. Drei Gründe. Erstens: Große Auswahl führt zu innerer Lähmung. Ein Supermarkt stellte 24 Sorten Konfitüre zum Probieren auf. Die Kunden konnten nach Belieben kosten und die Produkte mit Rabatt kaufen. Am folgenden Tag führte der Supermarkt dasselbe Experiment mit nur sechs Sorten durch. Das Ergebnis? Es wurde zehnmal mehr Konfitüre verkauft als am ersten Tag. Warum? Bei einem großen Angebot kann sich der Kunde nicht entscheiden, und so kauft er gar nichts. Der Versuch wurde mehrmals mit verschiedenen Produkten wiederholt, das Resultat war stets dasselbe.

Zweitens: Große Auswahl führt zu schlechteren Entscheidungen. Fragt man junge Menschen, was ihnen an einem Lebenspartner wichtig ist, zählen sie all die ehrenwerten Eigenschaften auf: Intelligenz, gute Umgangsformen, ein warmes Herz, die Fähigkeit zuzuhören, Humor und physische Attraktivität. Aber werden diese Kriterien bei der Auswahl wirklich berücksichtigt? Während früher in einem Dorf durchschnittlicher Größe für einen jungen Mann etwa 20 potenzielle Frauen in derselben Altersklasse zur Auswahl standen, die er zumeist schon aus der Schule kannte und entsprechend gut einschätzen konnte, stehen heute, im Zeitalter des Online-Datings, Millionen potenzieller Partnerinnen zur Verfügung. Der Auswahlstress ist so groß, dass das männliche Hirn die Komplexität auf ein einziges Kriterium schrumpft – und das ist, empirisch nachweislich, die »physische Attraktivität«. Die Folgen dieses Auswahlverfahrens kennen Sie, vielleicht sogar aus eigener Erfahrung.

Drittens, große Auswahl führt zu Unzufriedenheit. Wie können Sie sicher sein, dass Sie aus 200 Optionen die perfekte Wahl getroffen haben? Antwort: Sie können es nicht. Je mehr Auswahl, desto unsicherer und damit unzufriedener sind Sie nach der Wahl.

Was tun? Überlegen Sie genau, was Sie wollen, bevor Sie die bestehenden Angebote mustern. Schreiben Sie Ihre Kriterien auf und halten Sie sich unbedingt daran. Und gehen Sie davon aus, dass Sie nie die perfekte Wahl treffen werden. Maximieren ist – angesichts der Flut an Möglichkeiten – irrationaler Perfektionismus. Geben Sie sich mit einer »guten Lösung« zufrieden. Ja, auch in puncto Lebenspartner. Nur das Beste ist gut genug? Im Zeitalter unbeschränkter Auswahl gilt eher das Gegenteil: »Gut genug« ist das Beste (außer natürlich in Ihrem und meinem Fall).

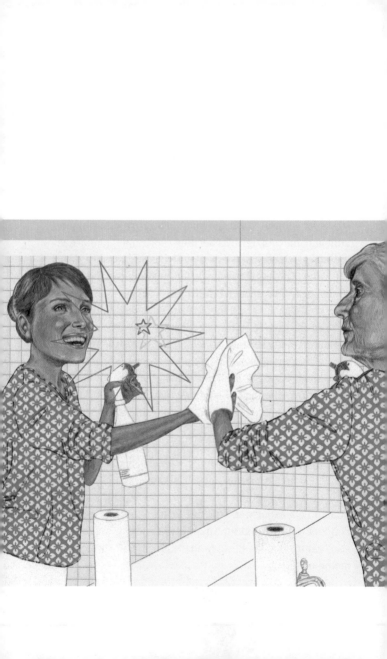

THE LIKING BIAS

Sie handeln unvernünftig, weil Sie geliebt werden wollen

Kevin hat zwei Kisten erlesenen Margaux gekauft. Er trinkt selten Wein – schon gar nicht Bordeaux. Aber die Verkäuferin war ihm äußerst sympathisch, nicht billig oder aufreizend, sondern einfach sympathisch. Darum kaufte er.

Joe Girard gilt als der erfolgreichste Autoverkäufer der Welt. Das Geheimnis seines Erfolgs: »Nichts funktioniert besser, als den Kunden glauben zu machen, dass man ihn wirklich mag.« Sein Killerinstrument: ein monatliches Kärtchen an sämtliche Kunden und Ex-Kunden. Darauf steht ein einziger Satz: »I like you.«

Der *Liking Bias* (deutsch etwa: der Ich-mag-Sie-Denk-fehler) ist idiotisch einfach zu verstehen, und doch fallen wir immer wieder darauf herein. Er bedeutet: Je sympathischer uns jemand ist, desto geneigter sind wir, von dieser Person zu kaufen oder dieser Person zu helfen. Bleibt die Frage: Was heißt sympathisch? Die Wissenschaft liefert eine Reihe von Faktoren. Eine Person ist uns sympathisch, wenn sie A) äußerlich attraktiv ist, B) uns in Bezug auf Herkunft, Persönlichkeit und Interessen ähnelt, und C), wenn sie uns sympathisch findet. Der Reihe nach. Die Werbung ist voller attraktiver Menschen.

Hässliche Menschen wirken unsympathisch. Darum taugen sie nicht als Werbeträger (siehe A). Neben den Superattraktiven setzt die Werbung aber auch auf »Menschen wie du und ich« (siehe B) – ähnliches Aussehen, Dialekt, Background. Kurzum, je ähnlicher, desto besser. Und nicht selten verteilt Werbung Komplimente – »weil Sie es wert sind«. Hier kommt Faktor C zum Tragen: Wer signalisiert, dass er uns sympathisch findet, den finden wir tendenziell auch sympathisch. Komplimente wirken Wunder, selbst wenn sie glattweg gelogen sind.

Das »Spiegeln« (mirroring) gehört zu den Standardtechniken des Verkaufens. Dabei versucht der Verkäufer die Gestik, Sprache, Mimik seines Gegenübers zu kopieren. Redet der Käufer besonders langsam und leise und kratzt sich oft an der Stirn, ist es für den Verkäufer sinnvoll, ebenso langsam und leise zu sprechen und sich ab und zu an der Stirn zu kratzen. Das macht ihn in den Augen des Käufers sympathisch, und damit wird ein Geschäftsabschluss wahrscheinlicher.

Sogenanntes Multilevel-Marketing (Verkaufen über Freunde) funktioniert nur dank des *Liking Bias*. Obwohl es hervorragende Plastikbehälter im Supermarkt zu einem Viertel des Preises gibt, generiert Tupperware einen Jahresumsatz von zwei Milliarden Dollar. Warum? Die Freundinnen, die die Tupperware-Partys veranstalten, erfüllen die Sympathiebedingungen perfekt.

Auch Hilfsorganisationen nutzen den *Linking Bias*. Ihre Kampagnen zeigen fast ausschließlich sympathische Kinder oder Frauen. Nie werden Sie einen finster dreinblickenden, verwundeten Guerillakrieger vom Plakat starren sehen – obwohl auch er Ihre Hilfe verdient. Sogar

Naturschutzorganisationen setzen auf den *Liking Bias*. Haben Sie je einen WWF-Prospekt gesehen, in dem mit Spinnen, Würmern, Algen oder Bakterien geworben wurde? Die sind vielleicht genauso vom Aussterben bedroht wie Pandas, Gorillas, Koalas und Robben – und für das Ökosystem noch wichtiger. Aber wir empfinden nichts für sie. Ein Tier erscheint uns umso sympathischer, je menschenähnlicher es in die Welt guckt. Die mitteleuropäische Linsenfliege ist ausgestorben? Tja, schade.

Politiker spielen virtuos auf der Klaviatur des *Liking Bias*. Je nach Publikum unterstreichen sie andere Gemeinsamkeiten. Mal wird der Wohnbezirk betont, mal die soziale Herkunft, mal das ökonomische Interesse. Und es wird geschmeichelt: Jeder Einzelne soll das Gefühl haben, unverzichtbar zu sein: »Ihre Stimme zählt!« Natürlich zählt jede Stimme, aber halt verdammt wenig.

Ein Freund, Vertreter von Ölpumpen, hat mir erzählt, wie er einen zweistelligen Millionenauftrag für eine Pipeline in Russland abgeschlossen hat. »Bestechung?«, fragte ich. Er schüttelte den Kopf. »Wir plauderten, und plötzlich kamen wir auf das Thema Segeln. Es stellte sich heraus, dass wir beide – der Käufer und ich – besessene 470er-Jollen-Segler sind. Von dem Moment an war ich ihm sympathisch, ein Freund. Damit war der Deal besiegelt. Sympathie funktioniert besser als Bestechung.«

Fazit: Einen Deal sollten Sie immer unabhängig vom Verkäufer beurteilen. Denken Sie sich ihn weg, oder besser: Denken Sie sich ihn als unsympathisch.

DER ENDOWMENT-EFFEKT

Klammern Sie sich nicht an die Dinge

Der BMW glänzte auf dem Parkplatz des Gebrauchtwa-
genhändlers. Zwar hatte er schon einige Kilometer drauf,
doch er schien in tadellosem Zustand zu sein. Nur – mit
50.000 Euro war er mir entschieden zu teuer. Ich verstehe
etwas von Gebrauchtwagen; maximal 40.000 war er in
meinen Augen wert. Doch der Verkäufer ließ sich nicht
erweichen. Als er sich eine Woche später bei mir meldete
und sagte, ich könne den Wagen für 40.000 haben, schlug
ich zu. Am nächsten Tag machte ich an einer Tankstelle
halt. Dort sprach mich der Besitzer der Tankstelle an und
offerierte 53.000 Euro cash für meinen Wagen. Ich lehnte
dankend ab. Erst auf der Heimfahrt realisierte ich, wie
irrational mein Verhalten gewesen war. Etwas, das in meinen Augen maximal 40.000 wert war, hatte nun, nachdem
es in meinen Besitz übergegangen war, plötzlich einen
Wert von über 53.000 – sonst hätte ich das Ding ja sofort weiterverkaufen müssen. Der Denkfehler dahinter:
Endowment-Effekt (*Besitztumseffekt*). Was wir besitzen,
empfinden wir als wertvoller, als was wir nicht besitzen.
Anders ausgedrückt: Wenn wir etwas verkaufen, verlangen wir mehr Geld, als wir selbst dafür bereit wären, auszugeben.

Der Psychologe Dan Ariely hat folgendes Experiment durchgeführt. Er verloste Eintrittskarten zu einem wichtigen Basketballspiel an seine Studenten. Anschließend fragte er jene Studenten, die leer ausgegangen waren, wie viel sie für eine Karte zu bezahlen bereit wären. Die meisten gaben einen Preis um die 170 Dollar an. Danach fragte er jene Studenten, die eine Karte gewonnen hatten, für wie viel sie bereit wären, ihre Karte zu verkaufen. Der durchschnittliche Verkaufspreis lag bei 2.400 Dollar. Die einfache Tatsache, dass wir etwas besitzen, verleiht dieser Sache offenbar Wert.

Im Immobiliengeschäft kommt der *Endowment-Effekt* deutlich zum Tragen. Der Verkäufer schätzt den Wert seines Hauses systematisch höher ein als der Markt. Der Marktpreis erscheint dem Hausbesitzer oft unfair, ja, eine Frechheit – weil er eine emotionale Bindung zu seinem Haus hat. Diesen emotionalen Mehrwert soll ein etwaiger Käufer mitbezahlen – was natürlich absurd ist.

Charlie Munger, die rechte Hand von Warren Buffett, kennt den *Endowment-Effekt* aus eigener Erfahrung. In jungen Jahren wurde ihm ein außerordentlich lukratives Investment angeboten. Leider war er zu jenem Zeitpunkt voll investiert, hatte also keine flüssigen Mittel zur Hand. Er hätte eine seiner Beteiligungen verkaufen müssen, um das neue Investment einzugehen, doch er tat es nicht. Der *Endowment-Effekt* hielt ihn zurück. So ließ sich Munger einen schönen Gewinn von über fünf Millionen Dollar entgehen, nur weil er sich nicht von einer einzigen Anlage trennen konnte.

Loslassen fällt uns offenbar schwerer als anhäufen. Das erklärt nicht nur, weshalb wir unseren Haushalt mit

Ramsch zumüllen, sondern auch, warum Liebhaber von Briefmarken, Uhren oder Kunst so selten tauschen oder verkaufen.

Erstaunlicherweise verhext der *Endowment-Effekt* nicht nur den Besitz, sondern sogar schon den Fast-Besitz. Auktionshäuser wie Christie's und Sotheby's leben davon. Wer bis zuletzt mitbietet, hat das Gefühl, ihm gehöre das Kunstwerk schon (fast). Entsprechend hat das Objekt der Begierde für den Käufer in spe an Wert gewonnen. Er ist plötzlich bereit, einen höheren Preis zu bezahlen als jenen, den er sich vorgenommen hat. Der Ausstieg aus dem Bieterwettkampf wird als Verlust empfunden – gegen jede Vernunft. Bei großen Auktionen, zum Beispiel von Schürfrechten oder Mobilfunkfrequenzen, kommt es daher oft zum *Winner's Curse*: Der Gewinner einer Auktion entpuppt sich als ökonomischer Verlierer, weil er überboten hat. Mehr zum *Winner's Curse* in einem anderen Kapitel.

Wenn Sie sich um einen Job bewerben und ihn nicht bekommen, haben Sie allen Grund, enttäuscht zu sein. Wenn Sie wissen, dass Sie es bis zur Endausscheidung geschafft haben und dann die Absage erhalten, ist die Enttäuschung noch viel größer – unberechtigterweise. Denn entweder haben Sie den Job bekommen oder nicht, alles andere sollte keine Rolle spielen. Fazit: Klammern Sie sich nicht an die Dinge. Betrachten Sie Ihren Besitz als etwas, das Ihnen das »Universum« provisorisch überlassen hat – wohl wissend, dass es Ihnen alles jederzeit wieder wegnehmen kann.

DAS WUNDER

Die Notwendigkeit unwahrscheinlicher Ereignisse

Am 1. März 1950, um Viertel nach sieben, sollten sich die 15 Mitglieder des Kirchenchors von Beatrice in Nebraska zur Probe treffen. Aus verschiedenen Gründen waren sie alle verspätet. Die Familie des Pfarrers war spät dran, weil die Frau noch das Kleid der Tochter bügeln musste; ein Ehepaar war unpünktlich, weil der Motor ihres Wagens nicht starten wollte; der Pianist wollte eigentlich eine halbe Stunde vorher dort sein, aber er schlief nach dem Abendessen ein, und so weiter. Um 19.25 Uhr explodierte die Kirche. Der Knall war im ganzen Dorf zu hören. Die Wände flogen heraus, und das Dach krachte auf der Stelle zusammen. Wie durch ein Wunder kam dabei niemand ums Leben. Der Feuerwehrkommandant führte die Explosion auf ein Gasleck zurück. Doch die Mitglieder des Chors waren überzeugt, ein Zeichen Gottes empfangen zu haben. Gottes Hand oder Zufall?

Aus irgendeinem Grund musste ich letzte Woche an meinen ehemaligen Schulkollegen Andreas denken, mit dem ich längere Zeit keinen Kontakt mehr gehabt hatte. Plötzlich klingelte das Telefon. Just dieser Andreas war dran. »Das muss Telepathie sein!«, rief ich in einem Anflug von Begeisterung. Telepathie oder Zufall?

Am 5. Oktober 1990 berichtete der *San Francisco Examiner*, dass die Firma Intel den Konkurrenten AMD verklagen würde. Intel fand heraus, dass AMD einen Computerchip mit dem Namen AM386 zu lancieren plante, eine Bezeichnung, deren Anlehnung an Intels 386 offensichtlich war. Interessant ist, wie Intel darauf stieß: Zufälligerweise hatten beide Firmen jemanden angestellt, der Mike Webb hieß. Beide Mike Webbs checkten am gleichen Tag in das gleiche Hotel in Kalifornien ein. Nachdem die beiden Männer wieder ausgecheckt hatten, nahm das Hotel ein Paket für einen Mike Webb in Empfang. Das Paket, das vertrauliche Unterlagen zum AM386-Chip enthielt, wurde vom Hotel fälschlicherweise an Mike Webb von Intel geschickt, der die Inhalte umgehend an Intels Rechtsabteilung weiterleitete.

Wie wahrscheinlich sind solche Geschichten? Der Schweizer Psychiater C. G. Jung sah darin das Wirken einer unbekannten Kraft, die er Synchronizität nannte. Wie geht ein klar Denkender an solche Geschichten heran? Am besten mit einem Blatt Papier und einem Bleistift. Nehmen wir den ersten Fall, die Explosion der Kirche. Zeichnen Sie vier Felder für die vier möglichen Kombinationen. Das erste Feld ist der dargestellte Fall: »Chor verspätet und Kirche explodiert«. Aber es gibt noch drei andere Kombinationsmöglichkeiten: »Chor verspätet und Kirche explodiert nicht«, »Chor nicht verspätet und Kirche explodiert« und »Chor nicht verspätet und Kirche explodiert nicht«. Schreiben Sie die geschätzten Häufigkeiten in die Felder. Denken Sie daran, wie oft nur schon der letzte Fall passiert: Täglich, in Millionen von Kirchen, probt ein Chor zur abgemachten Zeit, und die Kirche explodiert nicht. Plötzlich hat die Geschichte mit der Explosion nichts Unvorstellbares mehr. Im Gegenteil, es wäre unwahrscheinlich, wenn es bei Abermillionen von Kirchen nicht einmal im Jahrhundert zu einem solchen Ereignis käme. Also keine Hand Gottes. Nebenbei: Warum auch sollte Gott eine Kirche in die Luft sprengen wollen? Was für eine idiotische Art von einem Gott, so zu kommunizieren!

Dasselbe beim Telefonanruf. Halten Sie sich die vielen Situationen vor Augen, in denen Andreas an Sie denkt und nicht anruft; in denen Sie an Andreas denken und er nicht anruft, in denen er anruft und Sie nicht an ihn gedacht haben; in denen Sie anrufen und er nicht an Sie gedacht hat; und an die fast unendlich vielen Momente, in denen Sie nicht an ihn denken und er nicht anruft. Da Menschen etwa 90 % ihrer Zeit an Menschen denken, wäre es unwahrscheinlich, wenn es nie passieren würde, dass zwei Menschen aneinander denken und einer davon auch noch zum Hörer greift. Hinzu kommt, dass es nicht Andreas sein muss. Wenn Sie noch 100 andere Bekannte haben, erhöht sich die Wahrscheinlichkeit um den Faktor 100.

Fazit: Unwahrscheinliche Zufälle sind eben gerade das: zwar seltene, aber durchaus mögliche Ereignisse. Es ist nicht überraschend, wenn sie vorkommen. Überraschender wäre es, wenn sie nie stattfänden.

GROUPTHINK

Warum Konsens gefährlich sein kann

Haben Sie schon mal an einem Meeting Ihre Meinung zurückgehalten? Bestimmt. Man sagt nichts, nickt den Anträgen zu, schließlich will man nicht der (ewige) Störenfried sein. Außerdem ist man seiner abweichenden Meinung vielleicht doch nicht ganz sicher, und die anderen in ihrer einhelligen Meinung sind ja auch nicht blöd. Also hält man still. Wenn alle so handeln, tritt *Groupthink* (Gruppendenken) ein: Eine Gruppe von intelligenten Menschen trifft idiotische Entscheidungen, weil jeder seine Meinung dem vermeintlichen Konsens anpasst. So kommen Entscheidungen zustande, die jedes einzelne Gruppenmitglied unter normalen Umständen abgelehnt hätte. *Groupthink* ist ein Spezialfall von *Social Proof*, einem Denkfehler, den wir in einem früheren Kapitel behandelt haben.

Im März 1960 begann der amerikanische Geheimdienst, antikommunistische Exilkubaner zu organisieren, um sie gegen Fidel Castros Regime einzusetzen. Zwei Tage nach dem Amtsantritt im Januar 1961 wurde Präsident Kennedy vom Geheimdienst über den Geheimplan zur Invasion Kubas informiert. Anfang April 1961 fand das entscheidende Treffen im Weißen Haus statt. Kennedy und alle

seine Berater gaben dem Einmarschplan ihre Zustim-
mung. Am 17. April 1961 landete eine Brigade von 1.400
Exilkubanern mithilfe der US Navy, der Air Force und der
CIA in der »Schweinebucht« an der Südküste Kubas. Ziel:
Fidel Castros Regierung zu stürzen. Nichts funktionierte
wie geplant. Am ersten Tag erreichte kein einziges Schiff
die Küste mit Nachschub. Die ersten zwei wurden von der
kubanischen Luftwaffe versenkt, die nächsten zwei kehr-
ten um und flohen. Schon einen Tag später war die Brigade von Castros Armee komplett umstellt. Am dritten Tag
wurden die 1.200 überlebenden Kämpfer abgeführt und
in Kriegsgefängnisse gesteckt.

Kennedys Schweinebucht-Invasion gilt als eines der
größten Fiaskos der amerikanischen Außenpolitik. Erstaunlich ist nicht, dass die Invasion schieflief, sondern
dass ein so absurder Plan überhaupt durchgezogen wurde. Sämtliche Annahmen, die für diese Invasion sprachen,
waren falsch. Zum Beispiel unterschätzte man komplett
die Stärke von Kubas Luftwaffe. Oder: Man rechnete damit, dass die Brigade der 1.400 Exilkubaner sich im Not-
fall in den Escambray-Bergen hätte verstecken können,
um von dort aus einen Untergrundkrieg gegen Castro
anzuzetteln. Ein Blick auf die Landkarte von Kuba hätte
gezeigt, dass der Fluchtort 150 Kilometer von der Schweinebucht entfernt war und ein unüberwindbares Sumpf-
gebiet dazwischen lag. Und doch: Kennedy und seine Berater gehörten zu den intelligentesten Männern, die eine
amerikanische Regierung je vereint hat. Was lief schief
zwischen Januar und April 1961?

Der Psychologieprofessor Irving Janis hat viele Fiaskos studiert. Gemeinsam ist ihnen Folgendes: Mitglieder

einer verschworenen Gruppe entwickeln einen »Esprit de Corps«, indem sie Illusionen aufbauen. Unbewusst. Eine dieser Illusionen ist der Glaube an die Unverletzbarkeit: »Wenn unser Führer (in diesem Fall Kennedy) und die Gruppe der Überzeugung sind, der Plan funktioniere, dann wird das Glück auf unserer Seite sein.« Dann gibt es die Illusion der Einstimmigkeit: »Wenn alle anderen einer Meinung sind, muss meine abweichende Meinung falsch sein.« Und – man will kein Spielverderber sein, der die Einmütigkeit zerstören könnte. Schließlich ist man froh, dass man zur Gruppe gehört. Vorbehalte könnten den Ausschluss von der Gruppe bedeuten.

Groupthink kommt auch in der Wirtschaft vor. Klassisches Beispiel ist der Kollaps der Swissair im Jahr 2001, wo eine verschworene Beratergruppe um den damaligen CEO, getrieben von der Euphorie vergangener Erfolge, einen so starken Konsens aufbaute, dass abweichende Meinungen zur hochriskanten Expansionsstrategie gar nicht erst geäußert wurden.

Fazit: Wann immer Sie sich in einer verschworenen Gruppe mit starkem Konsens finden, äußern Sie Ihre Meinung unbedingt – auch wenn sie nicht gern gehört wird. Hinterfragen Sie die unausgesprochenen Annahmen. Notfalls riskieren Sie den Ausschluss aus dem warmen Gruppennest. Und falls Sie eine Gruppe führen, bestimmen Sie jemanden zum *Advocatus Diaboli*. Er wird nicht die beliebteste Person im Team sein. Aber vielleicht die wichtigste.

THE NEGLECT OF PROBABILITY

Warum die Jackpots immer größer werden

Zwei Glücksspiele: Im ersten können Sie zehn Millionen Euro gewinnen, im zweiten 10.000. Bei welchem spielen Sie mit? Wenn Sie im ersten Spiel gewinnen, verändert das Ihr Leben: Sie hängen Ihren Job an den Nagel und leben ab sofort von den Zinsen. Wenn Sie im zweiten Spiel den Jackpot knacken, leisten Sie sich einen schönen Karibik-Urlaub, und das war's dann. Die Wahrscheinlichkeit, zu gewinnen, beträgt im ersten Spiel eins zu 100 Millionen, im zweiten eins zu 10.000. Also, wo spielen Sie mit? Unsere Emotionen ziehen uns zum ersten Spiel, obwohl das zweite, objektiv betrachtet, zehnmal besser ist. Darum der Trend zu immer größeren Jackpots – Millionen, Billionen, Trillionen – egal, wie winzig die Gewinnchancen sind.

In einer klassischen Studie von 1972 wurden die Teilnehmer eines Laborexperiments in zwei Gruppen eingeteilt. Den Teilnehmern der ersten Gruppe wurde gesagt, dass sie mit Sicherheit einen elektrischen Schock bekommen würden. Bei der zweiten Gruppe betrug die Gefahr, einen Stromschlag zu erhalten, nur 50 %, also die Hälfte. Die Forscher maßen die körperliche Erregung (Herzfrequenz, Nervosität, Schweißhände und so weiter) kurz vor dem besagten Zeitpunkt. Das Ergebnis war verblüffend: Es gab keinen Unterschied. Die Teilnehmer beider Versuchsgruppen waren genau gleich aufgeregt. Die Forscher reduzierten daraufhin die Wahrscheinlichkeit eines Stromstoßes bei der zweiten Gruppe auf 20 %, dann auf 10 %, dann auf 5 %. Das Ergebnis: Noch immer kein Unterschied! Als die Forscher jedoch die *Stärke* des erwarteten Stromstoßes erhöhten, erhöhte sich die körperliche Erregung bei beiden Gruppen. Doch nie gab es einen Unterschied zwischen den beiden Gruppen. Das bedeutet: Wir reagieren wohl auf das zu erwartende *Ausmaß* eines Ereignisses (Größe des Jackpots beziehungsweise Stärke der elektrischen Spannung), aber nicht auf dessen Wahrscheinlichkeit. Anders ausgedrückt: Uns fehlt ein intuitives Verständnis für Wahrscheinlichkeiten.

Man spricht von *Neglect of Probability* (Vernachlässigung der Wahrscheinlichkeit) – sie führt zu Entscheidungsfehlern. Wir investieren in ein Start-up, weil uns mit dem möglichen Gewinn der Mund wässrig gemacht wird, aber vergessen darüber (oder sind zu faul), die Wahrscheinlichkeit zu eruieren, mit der Jungunternehmen überhaupt je einen solchen Gewinn realisieren. Oder: Nach einer medienpräsenten Flugzeugkatastrophe lassen wir unsere gebuchten Flüge verfallen, ohne die winzige Wahrscheinlichkeit von Flugzeugabstürzen wirklich in Betracht zu ziehen (die im Übrigen nach einer Katastrophe genau gleich groß oder klein ist wie davor).

Viele Hobbyinvestoren vergleichen ihre Investments nur anhand der Rendite. Für sie ist eine Google-Aktie mit einer Rendite von 20 % doppelt so gut wie eine Liegenschaft mit einer Rendite von 10 %. Vernünftiger wäre es natürlich, die unterschiedlichen Risiken dieser beiden Investments zu berücksichtigen. Aber eben, wir haben kein natürliches Gefühl für Risiken, darum vergessen wir sie oft.

Zurück zum Laborexperiment mit den elektrischen Schocks. Die Wahrscheinlichkeit eines Stromstoßes bei Gruppe B wurde weiter reduziert: von 5 % auf 4 % auf 3 %. Erst bei der Wahrscheinlichkeit von 0 % reagierte Gruppe B anders als Gruppe A. Das Risiko von 0 % scheint also unheimlich viel besser zu sein als das von 1 %.

Beurteilen Sie die beiden Maßnahmen zur Trinkwasseraufbereitung. Bei Maßnahme A wird das Risiko, an verunreinigtem Wasser zu sterben, von 5 % auf 2 % gesenkt. Mit Maßnahme B lässt sich das Risiko von 1 % auf null senken, also komplett eliminieren. A oder B? Wenn Sie so ticken wie die meisten Menschen, werden Sie Maßnahme B den Vorzug geben – was idiotisch ist, denn mit Maßnahme A werden 3 % weniger Menschen sterben, mit B hingegen nur 1 %. Maßnahme A ist dreimal so gut! Dieser Denkfehler wird *Zero-Risk Bias* genannt (deutsch: Null-Risiko-Fehler). Wir werden ihn im nächsten Kapitel genauer diskutieren.

Fazit: Wir unterscheiden nur schlecht zwischen verschiedenen Risiken, außer, das Risiko sei null. Weil wir Risiken nicht intuitiv erfassen, müssen wir rechnen. Wo die Wahrscheinlichkeiten bekannt sind – wie im Lotto –, ist das einfach. Im normalen Leben jedoch sind Risiken schwierig zu schätzen – und doch führt kein Weg daran vorbei.

THE ZERO-RISK BIAS

Warum Sie für das Nullrisiko zuviel bezahlen

Angenommen, Sie müssen Russisch Roulette spielen. Die Trommel Ihres Revolvers hat Platz für sechs Patronen. Sie drehen die Trommel wie ein Glücksrad, halten den Revolver an Ihre Stirn und ziehen den Abzug. Erste Frage: Wenn Sie wissen, dass sich vier Patronen in der Trommel befinden – wie viel wären Sie bereit zu bezahlen, um zwei der vier Patronen aus der Trommel zu entfernen? Zweite Frage: Wenn Sie wissen, dass der Revolver nur eine einzige Patrone enthält – wie viel Geld wäre es Ihnen wert, um diese eine Patrone entfernen zu dürfen?

Für die meisten Leute ist der Fall klar: Sie sind bereit, im zweiten Fall mehr zu bezahlen, weil damit das Todesrisiko auf null sinkt. Rein rechnerisch macht das keinen Sinn, denn im ersten Fall reduzieren Sie die Sterbenswahrscheinlichkeit um zwei Sechstel, im zweiten Fall um nur ein Sechstel. Der erste Fall sollte Ihnen also doppelt so viel wert sein. Doch irgendetwas treibt uns dazu, das Nullrisiko übermäßig zu bewerten.

Wir haben im letzten Kapitel gesehen, dass Menschen nur schlecht zwischen verschiedenen Risiken unterscheiden können. Je gravierender die Gefahr, je emotionaler das Thema (Beispiel: Radioaktivität) ist, desto weniger beruhigt uns die Reduktion des Risikos. Zwei Forscher an der Universität von Chicago haben gezeigt, dass Menschen eine Verschmutzung durch toxische Chemikalien genau gleich fürchten, egal ob das Risiko 99 % oder 1 % beträgt. Eine irrationale Reaktion, aber eine übliche. Offenbar ist uns nur das Nullrisiko heilig. Es zieht uns an wie das Licht die Mücken, und wir sind oft bereit, übermäßig viel Geld zu investieren, um ein winziges Restrisiko komplett aus der Welt zu räumen. In fast allen Fällen hätte man dieses Geld besser investiert, um eine viel größere Reduktion eines anderen Risikos zu erzielen. Diesen Entscheidungsfehler nennt man den *Zero-Risk Bias* (deutsch: Null-Risiko-Fehler).

Das klassische Beispiel dieses Entscheidungsfehlers ist das amerikanische Lebensmittelgesetz von 1958. Es verbietet Lebensmittel, die krebserregende Substanzen enthalten. Dieses Totalverbot (Nullrisiko) klingt erst mal gut, führte aber dazu, dass nicht krebserregende, aber gefährlichere Lebensmittelzusätze verwendet wurden. Unsinnig ist es auch, weil wir seit Paracelsus, also seit dem 16. Jahrhundert wissen, dass Gift immer eine Frage der Dosierung ist. Und schließlich ist das Gesetz sowieso nicht durchzusetzen, weil man nicht das hinterste und letzte »verbotene« Molekül aus einem Lebensmittel entfernen kann. Jeder Bauernhof würde einer Computerchipfabrik gleichen, und der Preis für Lebensmittel dieses Reinheitsgrades würde sich verhundertfachen. Gesamtwirtschaftlich betrachtet machen Nullrisiken selten Sinn. Außer, wenn die Konsequenzen riesig sind (zum Beispiel falls gefährliche Viren aus Labors austreten würden).

Im Straßenverkehr ist das Nullrisiko nur zu erreichen, wenn wir das Geschwindigkeitslimit auf null Kilometer pro Stunde reduzieren. Hier nehmen wir – vernünftigerweise – eine statistisch klar bestimmbare Anzahl Tote pro Jahr in Kauf.

Angenommen, Sie sind Staatschef und wollen das Risiko eines Terroranschlags ausschalten. Sie müssten jedem einzelnen Bürger einen Spitzel zuteilen – und je einen Spitzel für jeden Spitzel. Im Nu wären 90 % der Bevölkerung Überwacher. Wir wissen, dass solche Gesellschaften nicht überlebensfähig sind.

Und an der Börse? Gibt es das Nullrisiko, also die totale Sicherheit? Leider nein, selbst wenn Sie Ihre Aktien verkaufen und das Geld auf einem Konto parken. Die Bank könnte pleitegehen, die Inflation frisst Ihre Ersparnisse weg, oder eine Währungsreform vernichtet Ihr Vermögen. Vergessen wir nicht, dass Deutschland im letzten Jahrhundert zweimal eine neue Währung eingeführt hat.

Fazit: Verabschieden Sie sich von der Vorstellung des Nullrisikos. Lernen Sie damit zu leben, dass nichts sicher ist – weder Ihre Ersparnisse, Ihre Gesundheit, Ihre Ehe, Ihre Freundschaften, Ihre Feindschaften noch Ihr Land. Und trösten Sie sich damit, dass es doch etwas gibt, was ziemlich stabil ist: die eigene Glückseligkeit. Forschungen haben gezeigt, dass weder der Millionen-Lottogewinn noch eine Querschnittslähmung Ihre Zufriedenheit langfristig verändern. Glückliche Menschen bleiben glücklich, egal was ihnen geschieht, unglückliche unglücklich. Mehr dazu im Kapitel *Hedonic Treadmill.*

DER KNAPPHEITSIRRTUM

Warum knappe Kekse besser schmecken

Kaffee bei einer Freundin. Ihre drei Kinder tollten auf dem Fußboden herum, während wir versuchten, Konversation zu machen. Dann erinnerte ich mich, dass ich Glasmurmeln mitgebracht hatte – eine ganze Tüte voll. Ich schüttete sie auf dem Fußboden aus, in der Hoffnung, die Rabauken würden damit in Ruhe spielen. Weit gefehlt: Sofort entbrannte ein heftiger Streit. Ich begriff nicht, was los war, bis ich genauer hinsah. Offenbar gab es unter den unzähligen Murmeln genau eine blaue, und die Kinder rissen sich um sie. Alle Murmeln waren genau gleich groß, schön und leuchtend. Doch die blaue hatte einen entscheidenden Vorteil – sie war rar. Ich lachte: Wie kindisch Kinder doch sind! Als ich im August 2005 hörte, dass Google einen eigenen E-Mail-Service lancieren würde, der »sehr selektiv« und nur »auf Einladung« herausgegeben würde, war ich ganz versessen darauf, ein Log-in zu erhalten – was mir schließlich gelang. Warum nur? Sicher nicht, weil ich ein zusätzliches E-Mail-Konto brauchte (ich hatte zu dieser Zeit schon vier), auch nicht, weil Gmail besser war als die Konkurrenzprodukte, sondern einfach, weil nicht alle Zugriff darauf hatten. Rückblickend muss ich lachen: Wie kindisch Erwachsene doch sind!

»Rara sunt cara«, sagten die Römer, Seltenes ist wertvoll. Tatsächlich ist der Knappheitsirrtum so alt wie die Menschheit. Die Freundin mit den drei Kindern ist im Nebenberuf Immobilienmaklerin. Wann immer sie einen Interessenten an der Angel hat, der sich nicht entscheiden kann, ruft sie ihn an und sagt: »Ein Arzt aus London hat sich das Grundstück gestern angesehen. Er ist sehr interessiert. Wie steht es bei Ihnen?« Der Arzt aus London – manchmal sagt sie »Professor« oder »Bankier« – ist natürlich frei erfunden. Der Effekt, den er hat, ist aber sehr real: Er bewegt den Interessenten zum Abschluss. Warum? Potenzielle Verknappung des Angebots, schon wieder. Objektiv betrachtet nicht nachvollziehbar, denn entweder der Interessent will das Grundstück zum besagten Preis, oder er will es nicht – ganz unabhängig von irgendwelchen »Ärzten aus London«.

Um die Qualität von Keksen zu beurteilen, teilte Professor Stephen Worchel Testkonsumenten in zwei Gruppen. Die erste Gruppe erhielt eine ganze Schachtel Kekse. Die zweite Gruppe lediglich zwei Stück. Ergebnis: Die Probanden mit nur zwei Keksen stuften die Qualität des Gebäcks wesentlich höher ein als die erste Gruppe. Der Versuch wurde mehrmals wiederholt – stets mit demselben Ergebnis.

»Nur solange Vorrat!«, heißt es in der Werbung. »Nur noch heute!«, schreit ein Plakat und signalisiert zeitliche Knappheit. Galeristen wissen, dass sie mit Vorteil unter der Mehrzahl der Bilder einen roten Punkt setzen, was bedeutet: Das meiste ist schon weg. Wir sammeln Briefmarken, Münzen oder Oldtimer – obwohl sie keinen Nutzen mehr haben. Keine Poststelle akzeptiert die alten Briefmarken, kein Laden die Taler, Kreuzer oder Heller, und die Oldtimer sind nicht mehr zugelassen. Egal, Hauptsache, sie sind knapp.

Studenten wurden gebeten, zehn Poster der Attraktivität nach zu ordnen – mit dem Versprechen, sie dürften als kleines Dankeschön eines davon behalten. Fünf Minuten später sagte man ihnen, dass das am dritthöchsten beurteilte Poster nicht mehr verfügbar sei. Dann wurden sie unter einem Vorwand gebeten, alle zehn Poster erneut zu beurteilen. Das Poster, das nicht mehr verfügbar war, wurde jetzt plötzlich als schöner eingestuft. In der Wissenschaft nennt man dieses Phänomen *Reaktanz*: Wir werden um eine Option beraubt, und wir reagieren darauf, indem wir die nun unmöglich gewordene Option als attraktiver beurteilen. Eine Art Trotzreaktion. In der Psychologie auch *Romeo-und-Julia-Effekt* genannt: Die Liebe der beiden tragischen Shakespeare-Teenies ist darum so stark, weil sie verboten ist. Dabei muss die Sehnsucht nicht unbedingt romantischer Art sein: In den USA bedeutet eine Schülerparty vornehmlich, sich heillos zu betrinken – weil Alkoholkonsum unter 21 gesetzlich verboten ist.

Fazit: Unsere typische Reaktion auf Knappheit ist der Verlust des klaren Denkens. Beurteilen Sie deshalb eine Sache einzig anhand des Preises und des Nutzens. Ob ein Gut knapp ist oder nicht, ob irgendein »Arzt aus London« das Ding auch noch will, darf keine Rolle spielen.

THE BASE-RATE NEGLECT

Wenn du in Wyoming Hufschläge hörst und
schwarz-weiße Streifen siehst ...

Markus ist ein dünner Mann mit Brille, der gern Mozart
hört. Was ist wahrscheinlicher? A) Markus ist Lkw-Fahrer
oder B) Markus ist Literaturprofessor in Frankfurt. Die
meisten tippen auf B. Das ist falsch. Es gibt 10.000-mal
mehr Lkw-Fahrer in Deutschland als Literaturprofesso-
ren in Frankfurt. Daher ist es viel wahrscheinlicher, dass
Markus ein Lastwagenfahrer ist – selbst wenn er gern
Mozart hört. Was ist passiert? Die präzise Beschreibung
hat uns dazu verführt, den kühlen Blick von der statisti-
schen Wahrheit abzuwenden. Die Wissenschaft nennt
diesen Denkfehler *Base-Rate Neglect*. Ein deutscher Ausdruck fehlt. Man könnte umständlich von einer »Vernachlässigung der Grundverteilung« reden. Der *Base-Rate Neglect* gehört zu den häufigsten Denkfehlern. Praktisch alle
Journalisten, Ökonomen und Politiker fallen regelmäßig
auf ihn herein.

Zweites Beispiel: Bei einer Messerstecherei wird ein
Junge tödlich verletzt. Was ist wahrscheinlicher? A) Der
Täter ist ein Bosnier, der illegal Kampfmesser importiert,
oder B) der Täter ist ein deutscher Junge aus dem Mit-
telstand. Sie kennen die Argumentation nun: Antwort
B ist viel wahrscheinlicher, weil es extrem viel mehr

deutsche Jugendliche gibt als bosnische Messerimporteure.

In der Medizin spielt der *Base-Rate Neglect* eine wichtige Rolle. Migräne zum Beispiel kann eine Virusinfektion oder einen Hirntumor bedeuten. Virusinfektionen sind viel häufiger (höhere *Base-Rate*) als Hirntumore. Also kommt der Arzt zunächst zu der vorläufigen Annahme, dass es sich nicht um einen Tumor, sondern um ein Virus handelt. Das ist sehr vernünftig. Im Medizinstudium wird angehenden Ärzten der *Base-Rate Neglect* mühsam wegtrainiert. Der Standardsatz, der jedem angehenden Arzt in den USA eingepaukt wird, lautet: »Wenn du in Wyoming Hufschläge hörst und glaubst, schwarz-weiße Streifen zu sehen, so ist es vermutlich doch ein Pferd.« Will heißen: Schaut euch zuerst die Grundwahrscheinlichkeiten an, bevor ihr euch aufmacht, exotische Krankheiten zu prognostizieren. Leider sind die Ärzte die einzige Berufsgattung, die in den Genuss des *Base-Rate*-Trainings kommt.

Ich sehe ab und zu hochfliegende Businesspläne von Jungunternehmern und bin nicht selten von ihren Produkten, Ideen und Persönlichkeiten begeistert. Oft erwische ich mich beim Gedanken: Das könnte das nächste Google sein! Doch ein Blick auf die *Base-Rate* holt mich wieder auf den Boden zurück. Die Wahrscheinlichkeit, dass eine Firma die ersten fünf Jahre überlebt, liegt bei 20 %. Wie hoch ist die Wahrscheinlichkeit, dass sie danach zu einem globalen Konzern heranwächst? Fast null. Warren Buffett hat einmal erklärt, warum er nicht in Biotechfirmen investiert: »Wie viele dieser Firmen machen einen Umsatz von mehreren Hundert Millionen

Dollar? Das kommt einfach nicht vor ... Das wahrscheinlichste Szenario ist, dass diese Firmen irgendwo im Mittelfeld stecken bleiben.« Das ist klares *Base-Rate*-Denken.

Angenommen, in einem Restaurant sollen Sie durch Degustieren erraten, aus welchem Land ein Wein stammt. Das Etikett der Flasche ist abgedeckt. Falls Sie – wie ich – kein Weinkenner sind, hilft Ihnen nur der geistige Blick in die *Base-Rates*. Aus Erfahrung wissen Sie, dass etwa drei Viertel der Weine auf der Karte dieses Etablissements französischer Herkunft sind. Also tippen Sie vernünftigerweise auf Frankreich, selbst dort, wo Sie einen chilenischen oder kalifornischen Einschlag vermuten.

Ab und zu habe ich die zweifelhafte Ehre, vor BWL-Studenten zu sprechen. Wenn ich die jungen Leute nach ihren Karrierezielen frage, antworten die meisten, dass sie sich mittelfristig im Vorstand einer globalen Firma sehen. Das war zu meiner Zeit und selbst bei mir nicht anders. Daraus wurde dann glücklicherweise nichts. Ich sehe meine Aufgabe darin, den Studenten einen *Base-Rate*-Crashkurs zu geben: »Die Wahrscheinlichkeit, mit einem Diplom dieser Schule im Vorstand eines Konzerns zu landen, ist niedriger als 1 %. Egal wie intelligent und strebsam Sie sind, das wahrscheinlichste Szenario ist, dass Sie im Mittelmanagement stecken bleiben.« Dabei ernte ich aufgerissene Augen und bilde mir ein, einen Beitrag zur Abfederung zukünftiger Midlife-Krisen geleistet zu haben.

DER SPIELERFEHLSCHLUSS

Warum es keine ausgleichende Kraft des Schicksals gibt

Im Sommer 1913 geschah in Monte Carlo etwas Unglaubliches. Um den Roulettetisch des Kasinos drängten sich die Menschen, denn sie trauten ihren Augen nicht. Die Kugel war bereits 20-mal nacheinander auf Schwarz gefallen. Viele Spieler nutzten die Gunst der Stunde und wetteten auf Rot. Doch wieder kam Schwarz. Noch mehr Leute strömten hinzu und setzten ihr Geld auf Rot. Jetzt musste es einfach mal einen Wechsel geben! Doch wieder kam Schwarz. Und wieder und wieder. Erst beim 27. Mal fiel die Kugel endlich auf Rot. Zu diesem Zeitpunkt hatten die Spieler ihre Millionen bereits verwettet. Sie waren bankrott.

Der durchschnittliche Intelligenzquotient der Schüler einer Großstadt beträgt 100. Für eine Studie ziehen Sie eine zufällige Stichprobe von 50 Schülern. Das erste Kind, das Sie testen, hat einen IQ von 150. Wie hoch wird der durchschnittliche IQ Ihrer 50 Schüler sein? Die meisten Menschen, denen ich diese Frage stelle, tippen auf 100. Irgendwie, denken sie, müsste der superschlaue Schüler, den sie zuerst getestet haben, durch einen superdummen Schüler mit einem IQ von 50 (oder durch zwei Schüler mit einem IQ von 75) ausbalanciert werden. Doch bei einer so kleinen Stichprobe ist das sehr unwahrscheinlich. Man muss damit rechnen, dass die restlichen 49 Schüler dem Durchschnitt der Population entsprechen, dass sie also einen IQ von 100 haben. 49 mal ein IQ von 100 und ein mal ein IQ von 150 ergibt in der Stichprobe einen durchschnittlichen IQ von 101.

Die Beispiele von Monte Carlo und der Schülerstichprobe zeigen: Menschen glauben an eine ausgleichende Kraft des Schicksals. Hier spricht man von *Spielerfehlschluss* (auf Englisch: *Gambler's Fallacy*). Aber bei unabhängigen Ereignissen gibt es keine ausgleichende Kraft. Eine Kugel kann sich nicht daran erinnern, wie oft sie schon auf Schwarz liegen geblieben ist. Ein Freund führt aufwendige Tabellen mit allen gezogenen Lotto-Zahlen. Er füllt den Lottoschein stets so aus, dass er die am seltensten gezogenen Zahlen ankreuzt. Doch die ganze Arbeit ist für die Katz – *Spielerfehlschluss*.

Folgender Witz illustriert den *Spielerfehlschluss*: Ein Mathematiker nimmt auf jedem Flug eine Bombe mit ins Handgepäck. »Die Wahrscheinlichkeit, dass eine Bombe im Flugzeug ist, ist sehr gering«, sagt er, »und die Wahrscheinlichkeit für *zwei* Bomben liegt nahezu bei null!«

Eine Münze wird dreimal geworfen, und dreimal landet sie auf Kopf. Angenommen, jemand zwingt Sie, 1.000 Euro Ihres eigenen Geldes für den nächsten Wurf auszugeben. Würden Sie auf Kopf oder Zahl setzen? Wenn Sie so ticken wie die meisten Menschen, werden Sie auf Zahl setzen, obwohl Kopf ebenso wahrscheinlich ist – der bekannte *Spielerfehlschluss*.

Eine Münze wird 50-mal geworfen, und 50-mal landet sie auf Kopf. Wieder zwingt Sie jemand, 1.000 Euro zu setzen. Kopf oder Zahl für den nächsten Wurf? Smart, wie Sie sind, lächeln Sie, denn Sie haben das Kapitel bis hierher gelesen und wissen, dass es nicht darauf ankommt. Doch das ist die klassische Déformation professionnelle des Berufsmathematikers. Hätten Sie gesunden Menschenverstand, würden Sie eindeutig auf Kopf setzen, weil Sie schlichtweg annehmen müssen, dass die Münze gezinkt ist.

In einem anderen Kapitel betrachteten wir die *Regression zur Mitte*. Beispiel: Wenn Sie einen Kälterekord in Ihrem Wohnort erleben, wird die Temperatur in den nächsten Tagen wahrscheinlich ansteigen. Wäre das Wetter ein Kasino, würde die Temperatur mit 50 % Wahrscheinlichkeit fallen und mit 50 % Wahrscheinlichkeit steigen. Doch das Wetter ist kein Kasino. Komplexe Rückkopplungen sorgen dafür, dass Extremwerte sich wieder ausgleichen. In anderen Fällen allerdings verstärkt sich das Extrem: Reiche werden tendenziell immer reicher. Eine Aktie, die in die Höhe schießt, schafft sich bis zu einem gewissen Punkt eine eigene Nachfrage, einfach weil sie so heraussticht – eine Art umgekehrter Ausgleichseffekt.

Fazit: Schauen Sie also genau hin, ob Sie abhängige oder unabhängige Ereignisse vor sich haben – diese gibt es eigentlich nur im Kasino, im Lotto und in den Theoriebüchern. Im richtigen Leben sind die Ereignisse meistens voneinander abhängig – was bereits geschehen ist, hat einen Einfluss darauf, was in Zukunft geschehen wird. Also vergessen Sie (außer in den Regression-zur-Mitte-Fällen) die ausgleichende Kraft des Schicksals.

DER ANKER

Wie uns ein Glücksrad den Kopf verdreht

Wie lautet Martin Luthers Geburtsjahr? Falls Sie es nicht auswendig wissen und die Batterie Ihres Smartphones gerade leer ist, wie gehen Sie vor? Vielleicht wissen Sie, dass Luther im Jahr 1517 seine Thesen an die Kirche von Wittenberg geschlagen hat. Damals war er sicher älter als, sagen wir, 20, aber auch jung genug für diesen mutigen Akt. Nach der Publikation der Thesen wurde er nach Rom vorgeladen, der Ketzerei beschuldigt, und schließlich exkommuniziert. Er übersetzte die *Bibel* und geriet in die Fänge der Politik. Er lebte also noch eine ganze Weile nach 1517, wird im Jahr 1517 demzufolge rund 30 Jahre alt gewesen sein. Somit ist 1487 keine schlechte Schätzung für sein Geburtsjahr. (Korrekte Antwort: 1483.) Wie sind Sie vorgegangen? Sie hatten einen *Anker*, an dem Sie sich halten konnten – nämlich das Jahr 1517 – und haben sich von dort aus orientiert.

Wann immer wir etwas schätzen – die Länge des Rheins, die Einwohnerdichte von Russland, die Anzahl Kernkraftwerke in Frankreich –, benutzen wir *Anker*. Wir nehmen etwas Bekanntes und wagen uns von dort aus ins Unbekannte vor. Wie sonst sollen wir schätzen? Einfach eine Zahl vom Himmel pflücken? Das wäre unvernünftig.

Dummerweise setzen wir *Anker* auch dort ein, wo sie vollkommen haltlos sind. Beispiel: Ein Professor stellte eine unbekannte Flasche Wein auf den Tisch. Die Leute im Saal wurden gebeten, die letzten zwei Stellen ihrer Sozialversicherungsnummer auf ein Blatt Papier zu schreiben und sich dabei zu überlegen, ob sie bereit wären, diese Zahl in Euro für die Flasche Wein auszugeben. Anschließend wurde die Flasche versteigert. Die Leute mit den höheren Nummern boten fast doppelt so viel wie die Personen mit den tieferen Nummern. Die Sozialversicherungsnummer funktionierte als *Anker* – leider unbewusst und auf irreführende Weise.

Der Psychologe Amos Tversky stellte ein Glücksrad auf und ließ die Teilnehmer eines Experiments daran drehen. Danach wurden sie gefragt, wie viele Staaten Mitglied bei der UNO seien. Personen, bei denen das Glücksrad auf einer hohen Zahl stehen blieb, gaben eine höhere Anzahl Mitgliedsstaaten an als Personen, bei denen das Rad auf einer tiefen Zahl stehen blieb.

Die Forscher Russo und Shoemaker fragten Studenten, in welchem Jahr Attila, der König der Hunnen, seine vernichtende Niederlage in Europa erlitt. Ähnlich wie beim Versuch mit den Sozialversicherungsnummern wurden die Teilnehmer mit den letzten Stellen ihrer Telefonnummer *geankert*. Dasselbe Resultat: Personen mit höheren Telefonnummern setzten auf höhere Jahreszahlen – und umgekehrt. (Die Antwort zu Attila, falls es Sie interessiert: im Jahr 541.)

Noch ein Experiment: Studenten und Immobilienprofis wurden durch ein Haus geführt und anschließend gebeten, den Wert dieses Hauses zu schätzen. Zuvor wurde ihnen ein (zufällig generierter) »gelisteter Verkaufspreis« kommuniziert. Wie zu erwarten: Die Studenten, also die Nichtprofis, ließen sich von dem *Anker* beeinflussen. Je höher der Listenpreis, desto teurer bewerteten sie die Immobilie. Und die Immobilienprofis – urteilten sie unabhängig? Nein, sie ließen sich im gleichen Ausmaß durch den willkürlich gesetzten *Anker* beeinflussen. Je unbestimmbarer der Wert eines Objekts – Immobilie, Firma, Kunstwerk –, desto anfälliger sind selbst Profis für *Anker*.

Anker zuhauf, und wir alle klammern uns daran. Wissenschaftlich nachgewiesen: Falls ein Lehrer die vergangenen Schulnoten eines Studenten kennt, beeinflussen sie, wie er dessen neue Arbeiten benotet. Die vergangenen Zeugnisse wirken als *Anker*. Auch der bei vielen Produkten aufgedruckte »empfohlene Verkaufspreis« ist nichts anderes als ein *Anker*. Verkaufsprofis wissen, dass sie frühzeitig einen *Anker* setzen müssen – weit bevor sie eine Offerte machen.

Ich arbeitete in meinen jungen Jahren bei einer Beratungsfirma. Mein damaliger Chef war ein richtiger *Anker*-Profi. Schon beim ersten Kundengespräch setzte er einen *Anker*, der fast schon kriminell weit über den internen Kosten lag: »Nur damit Sie dann nicht überrascht sind, lieber Herr Kunde, wenn Sie die Offerte erhalten: Wir haben ein ähnliches Projekt für einen Ihrer Konkurrenten gemacht, und das lag im Bereich von fünf Millionen Euro.« *Anker* gesetzt. Die Preisverhandlungen starteten genau bei fünf Millionen.

DIE INDUKTION

Wie Sie Leute um ihre Millionen bringen

Eine Gans wird gefüttert. Anfangs zögert das scheue Tier und denkt: »Warum füttern mich diese Menschen? Irgendetwas muss doch dahinterstecken.« Wochen vergehen, doch jeden Tag kommt der Bauer vorbei und wirft ihr Getreidekörner vor die Füße. Ihre Skepsis lässt allmählich nach. Nach einigen Monaten ist sich die Gans sicher: »Die Menschen sind mir zutiefst gutgesinnt!« – eine Gewissheit, die sich jeden Tag aufs Neue bestätigt, ja festigt. Vollends überzeugt von der Güte des Bauern staunt sie, als sie dieser am Weihnachtstag aus ihrem Gehege holt – und schlachtet. Die Weihnachtsgans ist dem *induktiven* Denken zum Opfer gefallen. Schon David Hume hat im 18. Jahrhundert vor der *Induktion* gewarnt, mit ebendiesem Beispiel. Aber nicht nur Gänse sind anfällig dafür. Wir alle haben die Tendenz, aus Einzelbeobachtungen auf allgemeingültige Gewissheiten zu schließen. Das ist gefährlich.

Ein Anleger hat Aktie X gekauft. Der Kurs geht ab wie eine Rakete. Anfänglich ist er skeptisch. »Sicher eine Blase«, denkt er. Als die Aktie auch nach Monaten noch zulegt, wird seine Vermutung zur Gewissheit: »Dieser Titel kann gar nicht mehr abstürzen« – zumal jeder Tag diese

Erkenntnis aufs Neue bestätigt. Nach einem halben Jahr investiert er seine ganzen Ersparnisse in diesen einen Aktientitel. Jetzt sitzt er auf einem Klumpenrisiko. Er ist der *Induktion* zum Opfer gefallen und wird irgendwann dafür büßen.

Man kann sich das induktive Denken auch zunutze machen. Hier ist ein Tipp, wie Sie damit anderen Leuten das Geld aus der Tasche ziehen. Verschicken Sie 100.000 Börsenprognosen. In der Hälfte ihrer E-Mails prognostizieren Sie, dass die Kurse im kommenden Monat steigen werden, in der anderen Hälfte warnen Sie vor einem Rückgang. Angenommen, nach einem Monat sind die Indizes gesunken. Nun verschicken Sie wieder eine E-Mail, aber diesmal nur an die 50.000 Leute, denen Sie eine richtige Vorhersage gemacht hatten (dass die Kurse sinken würden). Diese 50.000 teilen Sie wieder in zwei Gruppen. Der ersten Hälfte schreiben Sie, dass die Kurse im kommenden Monat steigen werden, der zweiten Hälfte, dass sie fallen werden, und so weiter. Nach zehn Monaten bleiben 100 Personen übrig, die Sie ohne Fehl richtig beraten haben. Aus Sicht dieser 100 Personen sind Sie ein Held. Sie haben bewiesen, dass Sie im Besitz wahrlich prophetischer Prognosefähigkeiten sind. Einige dieser Fans werden Ihnen ihr Vermögen anvertrauen. Mit dem Geld setzen Sie sich nach Brasilien ab.

Nicht nur andere lassen sich so betrügen, wir betrügen uns auch selbst. Menschen, die selten krank sind, halten sich für unsterblich. Ein CEO, der viele Quartale nacheinander eine Gewinnsteigerung bekannt geben darf, hält sich für unfehlbar – und seine Mitarbeiter und Aktionäre ihn auch.

Ich hatte einen Freund, er war Base Jumper. Er sprang von Felsen, Sendemasten und Gebäuden, wobei er erst im letzten Moment die Reißleine des Fallschirms zog. Als ich ihn einmal auf das Risiko seines Sports ansprach, antwortete er: »Ich habe schon über 1.000 Sprünge hinter mir. Noch nie ist etwas passiert.« Zwei Monate nach unserer Konversation war er tot. Er starb, als er in Südafrika von einem besonders gefährlichen Felsen sprang. Eine einzige gegenteilige Beobachtung genügt, um eine tausendmal bestätigte Theorie vom Tisch zu fegen.

Induktives Denken kann also verheerende Folgen haben – und doch geht es nicht ohne. Wir bauen darauf, dass die aerodynamischen Gesetze auch morgen funktionieren, wenn wir den Flieger besteigen. Wir rechnen damit, dass wir auf der Straße nicht grundlos niedergeprügelt werden. Wir rechnen damit, dass unser Herz auch morgen schlagen wird. Das sind Gewissheiten, ohne die wir nicht leben könnten. Wir brauchen die *Induktion*, aber wir dürfen nie vergessen, dass sämtliche Gewissheiten immer nur vorläufig sind. Wie sagte Benjamin Franklin? »Nichts ist sicher, außer der Tod und die Steuern.«

Induktion kann verführerisch sein: »Die Menschheit hat es noch immer geschafft, also werden wir auch die zukünftigen Herausforderungen meistern.« Klingt gut, aber was wir nicht bedenken: Diese Aussage kann nur eine Spezies machen, die bis jetzt überlebt hat. Die Tatsache, dass es uns gibt, als Hinweis zu nehmen, dass es uns auch in Zukunft geben wird, ist ein gravierender Denkfehler. Vermutlich der gravierendste.

DIE VERLUSTAVERSION

Warum uns böse Gesichter schneller auffallen als freundliche

Überlegen Sie sich, wie gut Sie sich heute fühlen – auf einer Skala von 1 bis 10. Dazu zwei Fragen: Erstens, was würde Ihre Glückseligkeit auf Stufe 10 hochdrehen? Vielleicht die Ferienwohnung an der Côte d'Azur, von der Sie schon lange träumen? Ein Schritt auf der Karriereleiter? Zweitens, was könnte eintreten, das Ihre Glückseligkeit im mindestens gleichen Ausmaß vermindern würde – Querschnittslähmung, Alzheimer, Krebs, Depression, Krieg, Hunger, Folter, finanzieller Ruin, Schädigung Ihres guten Rufes, Verlust Ihres besten Freundes, Entführung Ihrer Kinder, Blindheit, Tod? Sie stellen fest: Die »Downside« ist größer als die »Upside«, es gibt mehr Schlechtes als Gutes. Das war in unserer evolutionären Vergangenheit noch viel ausgeprägter der Fall. Ein dummer Fehler, und man war tot. Alles Mögliche führte zum schnellen Ausscheiden aus dem »Spiel des Lebens« – Unachtsamkeit auf der Jagd, eine entzündete Sehne, der Ausschluss aus der Gruppe. Menschen, die unachtsam waren oder große Risiken eingingen, starben, bevor sie ihre Gene an die nächste Generation weitergeben konnten. Jene, die übrig blieben, die Vorsichtigen, haben überlebt. Wir sind deren Nachkommen.

Kein Wunder, werten wir Verluste stärker, als wir Gewinne schätzen. Wenn Sie 100 Euro verlieren, kostet Sie das ein größeres Quantum Glückseligkeit, als Sie gewinnen, wenn ich Ihnen 100 Euro schenke. Empirisch erwiesen: Ein Verlust wiegt emotional etwa doppelt so schwer wie ein Gewinn der gleichen Größe. Die Wissenschaft nennt das *Verlustaversion*.

Wenn Sie jemanden überzeugen wollen, argumentieren Sie deshalb nicht mit einem möglichen Gewinn, sondern mit dem Vermeiden eines möglichen Verlustes. Hier das Beispiel einer Kampagne zur Früherkennung von Brustkrebs bei Frauen. Zwei verschiedene Flugblätter wurden verschickt. Flugblatt A argumentierte: »Lassen Sie sich jährlich auf Brustkrebs untersuchen. Damit kann ein möglicher Krebs frühzeitig entdeckt und entfernt werden.« Flugblatt B: »Wenn Sie sich nicht jährlich auf Brustkrebs untersuchen lassen, riskieren Sie, dass ein möglicher Krebs nicht früh genug entdeckt und entfernt werden kann.« Auf jedem Flugblatt stand eine Telefonnummer für zusätzliche Informationen. Die Auswertung zeigte: Leserinnen des Flugblatts B riefen viel öfter an.

Die Angst, etwas zu verlieren, motiviert Menschen stärker als der Gedanke, etwas von gleichem Wert zu gewinnen. Angenommen, Sie stellen Isolationsmaterial für Immobilien her. Dann sind Ihre Kunden eher bereit, ihr Haus zu isolieren, wenn Sie ihnen sagen, wie viel Geld sie mit mangelnder Isolation *verlieren* könnten – als wie viel Geld sie mit guter Isolation sparen könnten. Auch wenn der Betrag natürlich genau derselbe ist.

Dasselbe Spiel an der Börse: Investoren haben die Tendenz, Verluste nicht zu realisieren, sondern lieber noch zuzuwarten und zu hoffen, dass sich ihre Aktie wieder erholt. Ein nicht realisierter Verlust ist eben noch kein Verlust. Also verkaufen sie nicht, selbst wenn die Aussicht auf eine Erholung klein und die Wahrscheinlichkeit eines weiteren Kursrückgangs groß ist. Ich habe mal einen Mann kennengelernt, einen Multimillionär, der sich gerade fürchterlich aufregte, weil er einen 100-Euro-Schein verloren hatte. Welche Verschwendung von Emotionen! Ich lenkte seine Aufmerksamkeit auf die Tatsache, dass der Wert seines Portfolios in jeder Sekunde um mindestens 100 Euro schwankte.

Mitarbeiter (falls sie allein verantwortlich sind und nicht in Gruppen entscheiden) sind tendenziell risikoscheu. Aus ihrer Warte macht das Sinn: Warum etwas wagen, das ihnen bestenfalls einen schönen Bonus beschert, im anderen Fall jedoch die Stelle kostet? In fast allen Firmen und fast allen Fällen übersteigt das Karriererisiko den möglichen Gewinn. Wenn Sie sich als Vorgesetzter also über die mangelnde Risikobereitschaft Ihrer Mitarbeiter beklagen, wissen Sie jetzt, warum. Wegen der *Verlustaversion*.

Wir können es nicht ändern: Böse ist stärker als Gut. Wir reagieren sensibler auf negative Dinge als auf positive. Ein unfreundliches Gesicht fällt uns auf der Straße schneller auf als ein freundliches. Schlechtes Verhalten bleibt uns länger in Erinnerung als gutes. Mit einer Ausnahme natürlich: Wenn es um uns selbst geht.

SOCIAL LOAFING

Warum Teams faul sind

Maximilian Ringelmann, ein französischer Ingenieur, untersuchte 1913 die Leistung von Pferden. Er fand heraus: Die Leistung zweier Zugtiere, die gemeinsam einer Kutsche vorgespannt werden, ist nicht doppelt so hoch wie die Leistung eines einzelnen Pferds. Überrascht von diesem Resultat, dehnte er seine Untersuchung auf Menschen aus. Er ließ mehrere Männer an einem Tau ziehen und maß die Kraft, die jeder einzelne entfaltete. Im Durchschnitt investierten Personen, die zu zweit an einem Tau zogen, nur je 93 % der Kraft eines einzelnen Tauziehers; wenn sie zu dritt zogen, waren es 85 %, bei acht Personen nur noch 49 %.

Außer Psychologen überrascht dieses Ergebnis niemanden. Die Wissenschaft nennt den Effekt *Social Loafing* (auf Deutsch etwa: soziales Faulenzen). Er tritt auf, wo die Leistung des Einzelnen nicht direkt sichtbar ist, sondern mit der Gruppe verschmilzt. Es gibt *Social Loafing* bei Ruderern, nicht aber bei Stafettenläufern, weil hier die einzelnen Beiträge offenkundig sind. *Social Loafing* ist ein rationales Verhalten: Warum die volle Kraft investieren, wenn es auch mit der halben geht, ohne dass es auffällt? Kurzum, *Social Loafing* ist eine Form von Betrug, der wir uns alle schuldig machen. Meistens nicht mal absichtlich. Der Betrug läuft unbewusst ab – wie bei den Pferden.

Überraschend ist nicht, dass die individuelle Leistung zurückgeht, je mehr Leute an einem Strick ziehen. Überraschend ist, dass sie nicht auf null fällt. Warum nicht totales Faulenzen? Weil die Nullleistung auffallen würde – mit allen Konsequenzen wie Ausschluss aus der Gruppe oder Rufschädigung. Wir haben ein feines Gespür entwickelt, bis zu welchem Grad das Faulenzen unsichtbar bleibt.

Social Loafing kommt nicht nur bei körperlichen Leistungen vor. Auch geistig faulenzen wir, zum Beispiel in Sitzungen. Je größer das Team, desto schwächer unsere individuelle Beteiligung – wobei die Leistung bei einer gewissen Gruppengröße ein Niveau erreicht, ab der sie nicht weiter sinkt. Ob die Gruppe aus 20 oder 100 Leuten besteht, spielt keine Rolle mehr, der maximale Faulenzgrad ist erreicht.

So weit, so klar. Woher aber kommt die seit vielen Jahren wiederholte Behauptung, Teams seien besser als Einzelkämpfer? Vielleicht aus Japan. Die Japaner überfluteten vor 30 Jahren die Weltmärkte mit ihren Produkten. Betriebswirte schauten sich das Industriewunder genauer an und sahen: Japanische Fabriken waren in Teams organisiert. Genau dieses Modell kopierte man – mit gemischtem Erfolg. Was in Japan ganz gut funktionierte (meine These: *Social Loafing* kommt dort kaum vor), war mit den andersdenkenden Amerikanern und Europäern nicht in dem Ausmaß wiederholbar. Teams sind zumindest hierzulande nachweislich besser, wenn sie aus möglichst unterschiedlichen, spezialisierten Menschen bestehen. Macht Sinn, denn bei solchen Gruppen können die einzelnen Leistungen auf die Spezialisten zurückgeführt werden.

Social Loafing hat interessante Auswirkungen. In Gruppen halten wir uns nicht nur mit unseren Leistungen zurück, sondern auch mit Verantwortung. Niemand will schuld an den schlechten Ergebnissen sein. Ein krasses Beispiel waren die Nürnberger Prozesse gegen die Nazis, weniger brisante gibt es in jedem Aufsichtsrat oder Managementteam. Man versteckt sich hinter den Beschlüssen der Gruppe. Der Fachbegriff dafür lautet *Verantwortungsdiffusion.*

Aus demselben Grund tendieren Gruppen dazu, höhere Risiken einzugehen als Einzelpersonen. Diesen Effekt nennt man *Risky Shift*, also eine Verlagerung hin zum Risiko. Gruppendiskussionen führen nachweislich dazu, dass riskantere Entscheidungen beschlossen werden, als die Personen allein für sich gefällt hätten. »Ich trage ja nicht die ganze Schuld, wenn es schiefgeht.« Gefährlich ist der *Risky Shift* bei Strategieteams von Firmen und Pensionskassen, wo es um Milliarden geht, oder in der Armee, wo Teams über den Einsatz von Atomwaffen entscheiden.

Fazit: Menschen verhalten sich anders in Gruppen, als wenn sie allein sind (sonst gäbe es keine Gruppen). Die Nachteile von Gruppen lassen sich entschärfen, indem wir die individuellen Leistungen möglichst sichtbar machen. Es lebe die Meritokratie, es lebe die Leistungsgesellschaft!

DAS EXPONENTIELLE WACHSTUM

Warum ein gefaltetes Blatt unser Denken übersteigt

Ein Stück Papier wird in der Mitte gefaltet, dann wieder in der Mitte gefaltet und wieder und wieder. Wie dick wird es nach 50-mal falten, sein? Schreiben Sie Ihre Schätzung auf, bevor Sie weiterlesen.

Zweite Frage. Sie dürfen wählen: A) In den nächsten 30 Tagen schenke ich Ihnen jeden Tag 1.000 Euro. B) In den nächsten 30 Tagen schenke ich Ihnen am ersten Tag einen Cent, am zweiten Tag zwei Cent, am dritten Tag vier Cent, am vierten Tag acht und so weiter. Entscheiden Sie, ohne lang zu rechnen: A oder B.

Sind Sie so weit? Also gut: Wenn wir annehmen, dass ein Blatt Papier ein Zehntelmillimeter dünn ist, dann beträgt seine Dicke nach 50 Faltungen 100 Millionen Kilometer. Das entspricht etwa der Distanz Erde–Sonne, wie Sie mit einem Taschenrechner leicht nachrechnen können. Bei der zweiten Frage lohnt es sich, auf Antwort B zu setzen, auch wenn A verlockender klingt. Wählen Sie A, haben Sie nach 30 Tagen 30.000 Euro verdient, bei Antwort B über zehn Millionen.

Lineares Wachstum verstehen wir intuitiv. Doch wir haben kein Gefühl für *exponentielles* (oder prozentuales) *Wachstum*. Warum nicht? Weil die evolutionäre Vergangenheit uns nicht darauf vorbereitet hat. Die Erfahrungen unserer Vorfahren waren größtenteils linearer Art. Wer doppelt so viel Zeit aufs Sammeln investierte, brachte die doppelte Menge Beeren ein. Wer gleich zwei Mammuts über den Abgrund jagte statt nur eines, zehrte doppelt so lange davon. Es gibt kaum ein Beispiel aus der Steinzeit, wo Menschen *exponentiellem Wachstum* begegnet wären. Heute ist das anders.

Ein Politiker sagt: »Die Anzahl der Verkehrsunfälle steigt jedes Jahr um 7 %.« Seien wir ehrlich, intuitiv verstehen wir das nicht. Wenden Sie deshalb einen Trick an: Berechnen Sie die Verdopplungszeit. Teilen Sie die Zahl 70 durch die Wachstumsrate in Prozent. Im besagten Fall der Verkehrsunfälle: 70 : 7 = 10 Jahre. Was der Politiker also sagt: »Die Anzahl der Verkehrsunfälle verdoppelt sich alle zehn Jahre.« Ziemlich alarmierend.

Ein anderes Beispiel: »Die Teuerung beträgt 5 %.« Wer das hört, denkt: »Nicht so schlimm, was sind schon 5 %?« Berechnen wir schnell die Verdopplungszeit: 70 : 5 = 14 Jahre. In 14 Jahren wird ein Euro nur noch die Hälfte wert sein – ein Skandal für alle, die ein Sparkonto besitzen.

Angenommen, Sie sind Journalist und bekommen eine Statistik zugespielt, wonach die Anzahl der registrierten Hunde in Ihrer Stadt um 10 % pro Jahr wächst. Welche Schlagzeile setzen Sie über Ihren Artikel? Sicher nicht »Hundezulassungen um 10 % gestiegen«. Das interessiert niemanden. Sondern: »Hundeschwemme: Doppelt so viele Köter in nur sieben Jahren!«

Nichts, was prozentual wächst, wächst ewig – auch das vergessen die meisten Politiker, Ökonomen und Journalisten. Jedes *exponentielle Wachstum* kommt irgendwann an eine Grenze – garantiert. Das Darmbakterium Escherichia Coli teilt sich alle 20 Minuten. In wenigen Tagen hätte es die ganze Erde überzogen. Doch es wird mehr Sauerstoff und Zucker verbrauchen, als neuer zugeführt wird, was die Population bald in ihrem Wachstum bremsen würde.

Dass unser Hirn Mühe mit prozentualem Wachstum hat, war schon im alten Persien bekannt. Von dort stammt dieses Märchen: Es war einmal ein kluger Höfling, der seinem König ein Schachbrett schenkte. Der König fragte ihn: »Sage mir, wie ich dich zum Dank belohnen kann.« »Nichts weiter will ich, edler Gebieter, als dass Ihr das Schachbrett mit Reis auffüllen möget. Legt ein Reiskorn auf das erste Feld, und dann auf jedes weitere Feld stets die doppelte Anzahl an Körnern. Also zwei Reiskörner auf das zweite Feld, vier Reiskörner auf das dritte und so fort.« Der König war erstaunt: »Es ehrt dich, lieber Höfling, dass du einen so bescheidenen Wunsch äußerst.« Wie viel Reis ist das? Der König dachte wohl an ein Säckchen. In Wahrheit hätte er mehr Reis gebraucht, als auf der Erde wächst.

Fazit: Wenn es um Wachstumsraten geht, vertrauen Sie nicht auf Ihr Gefühl. Sie haben keines – akzeptieren Sie das. Was Ihnen wirklich hilft, ist der Taschenrechner, oder, bei kleinen Wachstumsraten, der Trick mit der Verdopplungszeit.

THE WINNER'S CURSE

Wie viel würden Sie für einen Euro bezahlen?

Texas, in den 50er-Jahren. Ein Stück Land wird versteigert. Zehn Ölfirmen bieten mit. Jede hat ihre eigene Schätzung gemacht, wie viel Öl das Grundstück enthält. Die tiefste Schätzung liegt bei zehn Millionen Dollar, die höchste bei 100 Millionen Dollar. Je höher der Preis während der Auktion klettert, desto mehr Firmen verabschieden sich aus dem Bieterwettkampf. Schließlich bekommt die Firma mit dem höchsten Angebot den Zuschlag. Sie ist übrig geblieben, hat gewonnen. Champagnerkorken knallen.

The Winner's Curse (deutsch: der Fluch des Gewinners) besagt: Der Gewinner einer Auktion ist meistens der eigentliche Verlierer. Industrieanalysten stellten fest, dass die Firmen, die regelmäßig als Gewinner aus den Ölfeldauktionen hervorgingen, systematisch zu viel bezahlten und Jahre später daran zugrunde gingen. Das ist nachvollziehbar. Wenn die Schätzungen zwischen zehn und 100 Millionen variieren, wird der wirkliche Wert wahrscheinlich irgendwo dazwischen liegen. Das höchste Angebot ist bei Auktionen oft systematisch zu hoch – es sei denn, dieser Bieter hätte einen Informationsvorsprung. Das war damals in Texas nicht der Fall. Die Ölmanager feierten in Wahrheit einen Pyrrhussieg.

Wo sind die Ölfelder heute? Überall. Von eBay über Groupon bis hin zu Google AdWords – durchweg werden Preise über Auktionen festgesetzt. Es gibt Bieterwettkämpfe um Mobilfunkfrequenzen, die Telekomfirmen an den Rand des Ruins bringen. Flughäfen vermieten ihre Ladenflächen im Auktionsverfahren. Und wenn Aldi ein neues Waschmittel einführen will und Offerten von fünf Lieferanten einfordert, ist das nichts anderes als eine Auktion – mit der Gefahr des *Winner's Curse*.

Die »Auktionierung des Alltags« hat dank Internet mittlerweile auch die Handwerker erreicht. Meine Wohnung brauchte einen neuen Anstrich. Statt den nächstbesten Maler in Luzern anzurufen, stellte ich den Job ins Internet, wo sich 30 Anbieter aus der ganzen Schweiz und Deutschland um den Auftrag stritten. Das beste Angebot war so tief, dass ich es aus Erbarmen nicht annahm – um dem armen Maler den *Winner's Curse* zu ersparen.

Auch Börsengänge sind Auktionen, bei denen überrissene Preise bezahlt werden. Und wenn Firmen andere Firmen kaufen – sogenannte Mergers & Acquisitions – ist vielfach der *Winner's Curse* im Spiel. Mehr als die Hälfte aller Firmenkäufe vernichten Wert, was nichts anderes bedeutet, als dass sich ihr Kauf nicht im Geringsten gelohnt hat.

Warum fallen wir dem *Winner's Curse* zum Opfer? Zum einen, weil der wirkliche Wert eines Gutes unbestimmt ist. Je mehr Parteien, desto höher die Wahrscheinlichkeit einer überoptimistischen Offerte. Zum anderen, weil wir Konkurrenten ausstechen wollen. Ein Freund besitzt eine Fabrik für Mikroantennen. Er hat mir vom ruinösen Bieterwettkampf erzählt, den Apple für das iPhone veranstaltet. Jeder will der »offizielle Lieferant« von Apple sein – und wer auch immer den Zuschlag erhält, wird garantiert Geld verlieren.

Wie viel würden Sie für 100 Euro bezahlen? Stellen Sie sich vor, Sie und Ihr Konkurrent seien zu einer solchen Auktion eingeladen. Die Spielregeln: Wer das höchste Angebot abgibt, erhält die Hunderternote; und – das ist wichtig – beide Bieter müssen in diesem Moment ihr letztes Angebot bezahlen. Wie hoch werden Sie gehen? Aus Ihrer Sicht macht es Sinn, 20, 30 oder 40 Euro für die Hunderternote zu bezahlen. Ihr Konkurrent sieht das natürlich genauso. Selbst 99 Euro ist ein sinnvolles Angebot. Nun bietet Ihr Konkurrent 100 Euro. Wenn dies das höchste Angebot bliebe, käme er mit einem Nullgewinn heraus (100 Euro für 100 Euro), doch Sie müssten die 99 Euro (Ihr letztes Angebot) bezahlen – ohne Gegenwert. Also werden Sie weiter bieten. Bei 110 haben Sie einen garantierten Verlust von zehn Euro, doch Ihr Konkurrent verliert 110. Also wird auch er weiter bieten. Wo hören Sie auf? Wo hört Ihr Konkurrent auf? Spielen Sie es mal durch mit Freunden.

Beherzigen Sie den Tipp von Warren Buffett: »Nehmen Sie niemals an Auktionen teil.« Geht nicht, Sie arbeiten in einer Branche, in der Auktionen unumgänglich sind? Dann legen Sie einen Höchstpreis fest und ziehen davon 20 % für den *Winner's-Curse*-Effekt ab. Schreiben Sie diese Zahl auf ein Blatt Papier und halten Sie sich eisern daran.

DER FUNDAMENTALE ATTRIBUTIONSFEHLER

Fragen Sie nie einen Schriftsteller, ob der Roman autobiografisch sei

Sie schlagen die Zeitung auf und lesen, dass irgendein CEO wegen schlechten Geschäftsgangs den Hut nehmen musste. Im Sportteil erfahren Sie, dass Ihre Lieblingsmannschaft wegen des Spielers X oder des Trainers Y Meister geworden ist. »Keine Geschichte ohne Gesicht« lautet eine Regel in den Zeitungsredaktionen. Die Journalisten (und ihre Leser) machen sich des *fundamentalen Attributionsfehlers* schuldig. Er bezeichnet die Tendenz, den Einfluss von Personen systematisch zu überschätzen und äußere, situative Faktoren zu unterschätzen, wenn es darum geht, irgendetwas zu erklären.

Forscher der Duke University führten 1967 folgendes Experiment durch. Ein Redner hielt eine flammende Rede für Fidel Castro. Die Versuchspersonen wurden informiert, dass dem Redner die Rede unabhängig von seiner politischen Ansicht zugeteilt worden war, er verlas nur einen ihm vorgelegten Text. Trotzdem waren die meisten Zuhörer der Ansicht, die Rede spiegle die Meinung des Redners wider. Sie machten seine Persönlichkeit für den Inhalt der Rede verantwortlich, und nicht externe Faktoren, also die Professoren, die sie ihm in den Mund gelegt hatten.

Der *Attributionsfehler* kommt besonders bei negativen Ereignissen zum Tragen. Die »Schuld« an Kriegen schieben wir Personen in die Schuhe – Hitler hat den Zweiten Weltkrieg auf dem Gewissen, der Attentäter von Sarajewo den Ersten. Und das, obwohl Kriege unprognostizierbare Ereignisse sind, deren Dynamik wir bis heute nicht verstehen – was Kriege mit Finanzmärkten und Klimafragen verbindet.

Die Ursache für den guten oder schlechten Geschäftsgang suchen wir also zuerst beim Chef des Unternehmens. Selbst wenn wir eigentlich wissen müssten, dass ökonomischer Erfolg weit stärker von der allgemeinen Wirtschaftslage und der Attraktivität der Branche abhängt als von führungstechnischer Brillanz. Es ist interessant, wie häufig CEOs in einer kriselnden Branche ausgewechselt werden – und wie selten das in einer Boombranche passiert. Die Entscheidungen sind kein bisschen rationaler als bei Fußballtrainern und ihren Klubs.

Ich gehe oft in Konzerte; als Luzerner bin ich vom einzigartigen Klassikangebot in dieser Stadt verwöhnt. Die Gespräche in der Pause kreisen fast immer um den Dirigenten und/oder den Solisten. Mit Ausnahme von Uraufführungen wird kaum je über die Komposition gesprochen. Warum denn nicht? Das eigentliche Wunder der Musik ist doch die Komposition, das Erschaffen von Stimmungen, wo vorher nur ein weißes Blatt war. Der Unterschied von einer Partitur zur andern ist tausendmal eindrücklicher als der Unterschied von einer Interpretation zur andern. Aber so ticken wir nicht. Die Partitur hat – im Gegensatz zum Dirigenten und/oder Solisten – kein Gesicht.

Als Schriftsteller erlebe ich den *Attributionsfehler* so: Nach einer Lesung (an sich schon ein zweifelhaftes Unterfangen) lautet die erste Frage immer, wirklich immer: »Was an Ihrem Roman ist autobiografisch?« Am liebsten würde ich in die Runde schreien: »Es geht doch nicht um mich, es geht um das Buch, um den Text, um die Sprache, um die Glaubwürdigkeit der Geschichte, verdammt noch mal!« Leider erlaubt mir meine Erziehung einen solchen Ausbruch nur selten.

Außerdem muss man für den *Attributionsfehler* Verständnis haben: Die irrsinnige Beschäftigung mit anderen Menschen stammt aus unserer evolutionären Vergangenheit. Die Zugehörigkeit zu einer Gruppe war überlebensnotwendig. Ausgestoßen zu werden, bedeutete den sicheren Tod. Fortpflanzung, Verteidigung und der größte Teil der Jagd waren für einen Einzelnen unmöglich. Wir brauchten die andern dazu. Einzelgängerische Irrläufer – und von denen gab es sicher welche – sind aus dem Genpool verschwunden. Darum sind wir so übertrieben auf Leute fixiert. Darum denken wir etwa zu 90 % unserer Zeit an Leute und verwenden nur 10 % auf situative Zusammenhänge.

Fazit: So sehr uns das Schauspiel des Lebens fasziniert, die Menschen auf der Bühne sind keine vollendeten, selbstbestimmten Persönlichkeiten, sondern taumeln von Situation zu Situation. Wenn Sie das Stück, das gerade gespielt wird, wirklich verstehen wollen, dann achten Sie nicht auf die Darsteller. Achten Sie vielmehr auf den Tanz der Einflüsse, dem die Schauspieler unterworfen sind.

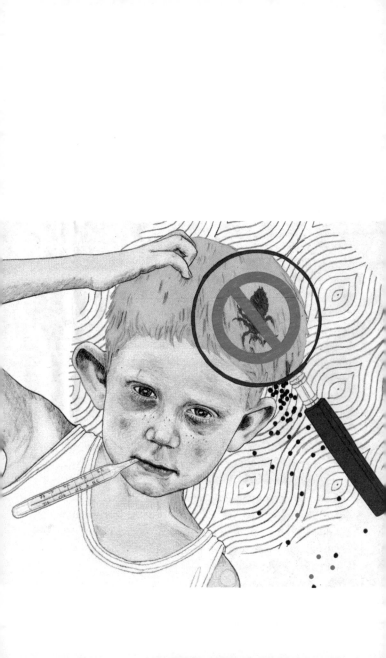

DIE FALSCHE KAUSALITÄT

Warum Sie nicht an den Storch glauben sollten

Für die Bewohner der Hebriden, einer Inselkette im Norden Schottlands, gehörten Läuse im Haar zum Leben. Verließen die Läuse ihren Wirt, wurde er krank und bekam Fieber. Um das Fieber zu vertreiben, wurden kranken Menschen deshalb absichtlich Läuse ins Haar gesetzt. Der Erfolg gab den Hebridianern augenscheinlich recht: Sobald die Läuse sich wieder eingenistet hatten, ging es dem Patienten besser.

Eine Untersuchung der Feuerwehreinsätze in einer Stadt ergab, dass der Brandschaden mit der Anzahl der jeweils eingesetzten Feuerwehrleute korrelierte: Je mehr Feuerwehrleute im Einsatz standen, desto größer der Brandschaden. Der Bürgermeister verhängte sofort einen Einstellungsstopp und kürzte den Etat.

Beide Geschichten sind aus dem Buch *Der Hund, der Eier legt*, und sie zeigen die Verwechslung von Ursache und Wirkung. Die Läuse verlassen den Kranken, weil er Fieber hat – sie bekommen ganz einfach heiße Füße. Wenn das Fieber abgeklungen ist, kommen sie gerne wieder. Und je größer der Brand, desto mehr Feuerwehrleute werden eingesetzt – selbstverständlich nicht umgekehrt.

Wir mögen über diese Geschichten schmunzeln, doch die *falsche Kausalität* führt uns fast täglich in die Irre. Nehmen wir die Schlagzeile: »Gute Mitarbeitermotivation führt zu höherem Unternehmensgewinn.« Tatsächlich? Oder sind die Mitarbeiter vielleicht motivierter, weil es der Firma so gut geht? Wirtschaftsbuchautoren und Berater operieren oft mit *falschen* – oder zumindest ungesicherten – *Kausalitäten.*

Es gab in den 90er-Jahren niemand, der heiliger war als der damalige Chef der US-Notenbank, Alan Greenspan. Seine obskuren Äußerungen verliehen der Geldpolitik den Nimbus einer Geheimwissenschaft, die das Land auf dem sicheren Pfad der Prosperität hielt. Politiker, Journalisten und Wirtschaftsführer vergötterten Greenspan. Heute wissen wir, dass die Kommentatoren einer *falschen Kausalität* zum Opfer gefallen waren. Amerikas Symbiose mit China – dem globalen Billigproduzenten und Gläubiger der amerikanischen Schulden – spielte eine viel wichtigere Rolle. Überspitzt ausgedrückt: Greenspan hatte einfach Glück, dass die Wirtschaft zu seiner Zeit so gut funktionierte.

Ein weiteres Beispiel: Wissenschaftler haben festgestellt, dass lange Verweilzeiten im Krankenhaus für den Patienten nachteilig sind. Eine gute Nachricht für alle Krankenkassen, denen es daran gelegen ist, die Aufenthaltsdauer ihrer Versicherten möglichst kurz zu halten. Aber natürlich sind Patienten, die gleich wieder entlassen werden, gesünder als solche, die lange bleiben müssen. Das liegt aber nicht daran, dass der lange Aufenthalt ungesund wäre.

Oder nehmen Sie diese Headline: »Wissenschaftlich erwiesen: Frauen, die täglich das Shampoo XYZ verwenden, haben kräftigeres Haar.« Der Zusammenhang kann wissenschaftlich erhärtet sein, besagt aber trotzdem nichts. Schon gar nicht, dass Shampoo Ihr Haar kräftiger macht. Genauso gut kann es nämlich sein, dass Frauen mit kräftigem Haar tendenziell das Shampoo XYZ verwenden (vielleicht weil dort draufsteht: »speziell für kräftiges Haar«).

Letzthin habe ich gelesen, dass Schüler, die aus bücherreichen Haushalten stammen, bessere Schulnoten erzielen. Diese Studie habe dazu geführt, dass Eltern wie wild Bücher gekauft hätten. Ein schönes Beispiel für *falsche Kausalität*. Wahr ist: Gebildeten Eltern ist die Ausbildung ihrer Kinder tendenziell wichtiger als ungebildeten. Und gebildete Eltern haben tendenziell mehr Bücher zu Hause stehen als ungebildete. Nicht die Bücher geben den Ausschlag, sondern der Bildungsgrad der Eltern – und deren Gene.

Das schönste Beispiel einer *falschen Kausalität* ist der Zusammenhang zwischen dem Geburtenrückgang und der sinkenden Zahl von Storchenpaaren in Deutschland. Wenn man die beiden Entwicklungslinien zwischen 1965 bis 1987 aufzeichnet, liegen sie fast perfekt aufeinander. Stimmt es also doch, dass der Storch die Kinder bringt? Wohl nicht, denn das ist eine rein zufällige Korrelation und sicher keine Kausalität.

Fazit: Zusammenhang ist nicht Kausalität. Schauen Sie genau hin. Manchmal verläuft der Pfeil des Einflusses just in die Gegenrichtung. Und manchmal gibt es überhaupt keinen Pfeil – wie bei den Störchen und den Babys.

THE HALO EFFECT

Warum schöne Menschen leichter Karriere machen

Das Unternehmen Cisco aus dem Silicon Valley war der Liebling der New-Economy-Ära. Nach Auffassung der Wirtschaftsjournalisten machte es einfach alles richtig: die beste Kundenorientierung, eine perfekte Strategie, großes Geschick bei Akquisitionen, eine einzigartige Unternehmenskultur, ein charismatischer CEO. Im März 2000 war Cisco das wertvollste Unternehmen der Welt.

Als die Cisco-Aktie im folgenden Jahr 80 % verlor, warfen dieselben Journalisten dem Unternehmen nun genau das Gegenteil vor: schlechte Kundenorientierung, eine unklare Strategie, Ungeschick bei Akquisitionen, eine lahme Unternehmenskultur, ein blasser CEO. Und das, obwohl weder die Strategie noch der CEO gewechselt hatten. Die Nachfrage war eingebrochen – aber das hatte nichts mit Cisco zu tun.

Der *Halo Effect* besagt: Wir lassen uns von einem Aspekt blenden und schließen von ihm auf das Gesamtbild. Das Wort »Halo« hat nichts mit Begrüßung zu tun, sondern ist das englische Wort für »Heiligenschein«. Im Fall von Cisco leuchtete er besonders hell: Die Journalisten ließen sich von den Aktienkursen blenden und schlossen auf die internen Qualitäten der Firma, ohne ihnen genauer nachzugehen.

Der *Halo Effect* funktioniert immer gleich: Aus einfach zu beschaffenden oder besonders plakativen Fakten, zum Beispiel der finanziellen Situation eines Unternehmens, schließen wir automatisch auf schwieriger zu eruierende Eigenschaften wie die Güte des Managements oder die Brillanz einer Strategie. So tendieren wir dazu, Produkte eines Herstellers, der einen guten Ruf besitzt, als qualitativ wertvoll wahrzunehmen, selbst wenn es dafür keine objektiven Gründe gibt. Oder: Von CEOs, die in einer Branche erfolgreich sind, wird angenommen, dass sie in allen Branchen erfolgreich sein werden, ja selbst im Privatleben Helden sein müssen.

Der Psychologe Edward Lee Thorndike hat den *Halo Effect* vor fast 100 Jahren entdeckt. Eine einzelne Qualität einer Person (zum Beispiel Schönheit, sozialer Status, Alter) erzeugt einen positiven oder negativen Eindruck, der alles andere »überstrahlt« und so den Gesamteindruck unverhältnismäßig beeinflusst. Schönheit ist das am besten erforschte Beispiel. Dutzende von Studien haben nachgewiesen, dass wir schöne Menschen automatisch als netter, ehrlicher und intelligenter betrachten. Auch machen attraktive Menschen nachweislich leichter Karriere – und das hat nichts mit dem Mythos (bei Frauen) des »Hochschlafens« zu tun. Der Effekt lässt sich schon in der Schule nachweisen, wo die Lehrer einem gut aussehenden Schüler unbewusst bessere Noten erteilen.

Die Werbung kennt den *Halo Effect* gut: Entsprechend viele Prominente lächeln von den Plakatwänden. Warum ein Tennisprofi ein Kaffeemaschinenexperte sein soll, ist rational nicht nachvollziehbar, tut aber dem Werbeerfolg keinen Abbruch. Das Perfide am *Halo Effect* ist gerade, dass er unbewusst bleibt.

Das größte Unheil richtet der Effekt an, wenn Herkunft, Geschlecht oder Rasse zum dominierenden Merkmal wird, das alle anderen Eigenschaften einer Person überstrahlt. Dann sprechen wir von Stereotypisierung. Man muss kein Rassist oder Sexist sein, um ihr zum Opfer zu fallen. Der *Halo Effect* trübt unsere Sicht, so wie er Journalisten, Lehrer und Konsumenten benebelt.

Gelegentlich hat der *Halo Effect* auch schöne Folgen – zumindest kurzfristig. Waren Sie schon einmal Hals über Kopf verliebt? Dann wissen Sie, wie stark ein Halo strahlen kann. Der von Ihnen angehimmelte Mensch erscheint vollendet: überdurchschnittlich attraktiv, intelligent, sympathisch und warmherzig. Selbst dort, wo Ihre Freunde mit dem Zeigefinger auf offensichtliche Makel hinweisen, sehen Sie nichts als liebenswerte Schrullen.

Fazit: Der *Halo Effect* versperrt uns die Sicht auf die wahren Eigenheiten. Schauen Sie darum genauer hin. Klammern Sie das herausstechende Merkmal aus. Weltklasseorchester tun dies, indem sie Kandidaten hinter einer Leinwand spielen lassen. Damit vermeiden sie, dass Geschlecht, Rasse oder Aussehen ihre Bewertung beeinflussen. Wirtschaftsjournalisten lege ich ans Herz, eine Firma nicht anhand der Quartalszahlen zu bewerten (das erledigt ja schon die Börse), sondern tiefer zu bohren. Was dabei zutage gefördert wird, ist nicht immer schön. Aber bisweilen lehrreich.

DIE ALTERNATIVEN PFADE

Gratulation! Sie haben im Russisch Roulette gewonnen

Sie verabreden sich mit einem russischen Oligarchen etwas außerhalb Ihrer Stadt in einem Wald. Der Oligarch hat dabei: einen Koffer und einen Revolver. Der Koffer ist bis zum Rand mit Euro gefüllt – insgesamt zehn Millionen in sauber abgezählten Scheinen. In der Trommel des Revolvers liegt eine einzige Patrone, die anderen fünf Kammern sind leer. »Lust auf Russisch Roulette?«, fragt der Oligarch. »Sie drücken einmal ab, und der Koffer samt Inhalt gehört Ihnen.« Sie überlegen. Zehn Millionen hätten einen profunden Einfluss auf Ihr Leben: Nie mehr arbeiten! Endlich könnten Sie dazu übergehen, Sportautos statt Briefmarken zu sammeln.

Angenommen, Sie nehmen die Herausforderung an, legen die Mündung des Revolvers an Ihre Schläfe und drücken ab. Sie hören ein leises »Klick« und spüren, wie Adrenalin durch Ihren Körper flutet. Kein Schuss ging los. Sie haben überlebt. Sie nehmen das Geld, bauen sich eine übergroße Villa im schönsten Stadtteil Frankfurts und ärgern damit die Nachbarn.

Einer dieser Nachbarn, dessen Haus nun im Schatten Ihrer Villa steht, ist ein prominenter Anwalt. Er arbeitet zwölf Stunden am Tag, 300 Tage im Jahr. Sein Stundensatz ist stolz, aber nicht unüblich: 600 Euro. Kurzum, er kann eine halbe Million netto pro Jahr zur Seite legen. Ab und zu grüßen Sie ihn von Ihrem Grundstück aus und lächeln, während Sie winken: Er wird 20 Jahre lang arbeiten müssen, um mit Ihnen gleichzuziehen.

Angenommen, nach 20 Jahren hat sich Ihr fleißiger Nachbar tatsächlich zehn Millionen erarbeitet. Seine Villa kann sich neben Ihrer sehen lassen. Ein Journalist kommt vorbei und macht eine Reportage über die »wohlhabenderen« Bewohner der Siedlung – mitsamt Fotos der Prunkbauten und der jungen Frauen, die Sie und Ihr Nachbar sich neben den Villen ebenfalls erworben haben. Er kommentiert die Innenarchitektur und die Finessen der Gartengestaltung. Der entscheidende Unterschied zwischen Ihnen beiden bleibt ihm allerdings verborgen: das Risiko, das hinter jeder der zehn Millionen steckt. Dazu müsste er die *alternativen Pfade* erkennen – und darin sind nicht nur Journalisten, sondern wir alle schlecht.

Was sind *alternative Pfade*? Alles, was ebenfalls hätte eintreffen können, aber nicht eingetroffen ist. Beim Russisch Roulette hätten vier *alternative Pfade* zum gleichen Ergebnis geführt (zehn Millionen Euro Gewinn) und ein fünfter zu Ihrem Tod – ein riesiger Unterschied. Im Fall des Rechtsanwalts liegen die möglichen Pfade viel näher beisammen. Auf einem Dorf hätte er vielleicht nur 200 Euro die Stunde verdient. Im Herzen von Hamburg und im Auftrag von Großbanken vielleicht 800. Aber es gibt, anders als bei Ihnen, keinen *alternativen Pfad*, der den Anwalt um sein Vermögen oder gar ums Leben gebracht hätte.

Alternative Pfade sind unsichtbar, darum denken wir so selten daran. Wer mit Junkbonds, Optionen und Credit

Default Swaps spekuliert und damit Millionen verdient, sollte nie vergessen, dass er gleichzeitig ein Bündel von gefährlichen *alternativen Pfaden* mitschleppt, die geradewegs in den Ruin führen. Zehn Millionen, die unter einem so großen Risiko entstanden sind, sind weniger wert als zehn Millionen, die durch jahrelanges Schuften zusammengekommen sind. Da kann ein Buchhalter noch so oft behaupten, zehn Millionen seien zehn Millionen.

Bei einem unserer Abendessen schlug Nassim Taleb vor, eine Münze zu werfen, um zu entscheiden, wer die Rechnung bezahlen soll. Es traf ihn. Die Situation war mir unangenehm, denn er war zu Besuch in der Schweiz. Ich sagte: »Das nächste Mal werde ich bezahlen, egal ob hier oder in New York.« Er überlegte eine Weile und sagte: »Unter Berücksichtigung der *alternativen Pfade* hast du eigentlich schon die Hälfte dieses Dinners bezahlt.«

Fazit: Risiko ist nie direkt sichtbar. Überlegen Sie sich daher immer, wie Ihre *alternativen Pfade* aussehen. Nehmen Sie Erfolge, die über riskante *alternative Pfade* zustande gekommen sind, weniger ernst als Erfolge, die Sie auf »langweiligen« Pfaden (zum Beispiel mit einer mühseligen Tätigkeit als Anwalt, Zahnarzt, Skilehrer, Pilot oder Unternehmensberater) erreicht haben. Wie sagte doch Montaigne: »Mein Leben war voller Unglücke – von denen die meisten nicht eingetroffen sind.«

DIE PROGNOSEILLUSION

Wie die Kristallkugel Ihren Blick verzerrt

»Regimewechsel in Nordkorea in den nächsten zwei Jahren.« »Argentinische Weine bald beliebter als französische.« »Facebook in drei Jahren wichtigstes Unterhaltungsmedium.« »Der Euro wird auseinanderbrechen.« »Weltraumspaziergänge für jedermann in zehn Jahren.« »Kein Rohöl mehr in 15 Jahren.«

Täglich bombardieren uns Experten mit ihren Prognosen. Wie verlässlich sind sie? Bis vor wenigen Jahren hat sich niemand die Mühe gemacht, ihre Qualität zu überprüfen. Dann kam Philip Tetlock.

Der Berkeley-Professor wertete 82.361 Vorhersagen von insgesamt 284 Experten über einen Zeitraum von zehn Jahren aus. Das Resultat: Die Prognosen trafen kaum häufiger zu, als wenn man einen Zufallsgenerator befragt hätte. Als besonders schlechte Prognostiker erwiesen sich ausgerechnet die Experten mit der stärksten Medienaufmerksamkeit, insbesondere die Untergangspropheten, und unter ihnen wiederum die Vertreter von Desintegrationsszenarien – auf das Auseinanderbrechen von Kanada, Nigeria, China, Indien, Indonesien, Südafrika, Belgien und der EU warten wir noch immer (an Libyen hat bezeichnenderweise kein Experte gedacht).

»Es gibt zwei Arten von Leuten, die die Zukunft vorhersagen: jene, die nichts wissen, und jene, die nicht wissen, dass sie nichts wissen«, schrieb der Harvard-Ökonom John Kenneth Galbraith und machte sich damit in seiner eigenen Zunft verhasst. Noch süffisanter drückte sich der Fondsmanager Peter Lynch aus: »Die USA haben 60.000 ausgebildete Ökonomen. Viele von ihnen sind angestellt, um Wirtschaftskrisen und Zinsen vorherzusagen. Wenn ihre Prognosen nur zweimal hintereinander eintreffen würden, wären sie Millionäre. Soweit ich weiß, sind die meisten noch immer brave Angestellte.« Das war vor zehn Jahren. Heute dürften die USA die dreifache Anzahl Ökonomen beschäftigen – mit einem Effekt von null auf die Prognosequalität.

Das Problem: Experten bezahlen für falsche Prognosen keinen Preis – weder in Geld noch über den Verlust des guten Rufes. Anders ausgedrückt: Als Gesellschaft geben wir diesen Leuten eine Gratisoption. Es gibt keine »Downside« beim Verfehlen der Prognose, aber eine »Upside« an Aufmerksamkeit, Beratungsmandaten und Publikationsmöglichkeiten, falls die Prognose stimmt. Weil der Preis für diese Option null ist, erleben wir eine wahre Inflation an Vorhersagen. Damit steigt die Wahrscheinlichkeit, dass immer mehr Vorhersagen rein zufällig richtigliegen. Idealerweise würde man Prognostiker zwingen, Geld in einen »Prognose-Fonds« einzubezahlen – sagen wir 1.000 Euro pro Vorhersage. Stimmt die Prognose, erhält der Experte sein Geld verzinst zurück. Stimmt sie nicht, geht der Betrag an eine wohltätige Stiftung.

Was ist prognostizierbar, was nicht? Ich werde mich bei der Vorhersage meines Körpergewichts in einem Jahr nicht groß verschätzen. Je komplexer ein System und je länger der Zeithorizont, desto verschwommener wird der Blick in die Zukunft. Klimaerwärmung, Ölpreis oder Wechselkurse sind fast unmöglich vorherzusagen. Erfindungen sind überhaupt nicht zu prognostizieren. Wüssten wir, welche Technologien uns dereinst beglücken werden, wären sie ja schon in diesem Moment erfunden.

Fazit: Seien Sie Prognosen gegenüber kritisch. Ich habe mir dazu einen Reflex antrainiert – ich schmunzle zuerst mal über jede Vorhersage, egal wie düster sie sein mag. Damit nehme ich ihr die Wichtigkeit. Anschließend stelle ich mir zwei Fragen. Erstens, welches Anreizsystem hat der Experte? Ist er Angestellter, könnte er seinen Job verlieren, wenn er ständig danebenliegt? Oder handelt es sich um einen selbst ernannten Trendguru, der sein Einkommen über Bücher und Vorträge generiert? Dieser ist auf die Aufmerksamkeit der Medien angewiesen. Seine Prognosen werden entsprechend sensationell ausfallen. Zweitens, wie gut ist die Trefferquote des Experten oder Gurus? Wie viele Prognosen hat er in den letzten fünf Jahren abgegeben? Wie viele davon haben sich bewahrheitet, wie viele nicht? Mein Wunsch an die Medien: Bitte veröffentlicht keine Prognosen mehr, ohne den Leistungsausweis des vermeintlichen Auguren anzugeben.

Zum Schluss, weil so treffend, ein Zitat von Tony Blair: »Ich mache keine Vorhersagen. Ich habe nie, und ich werde nie.«

THE CONJUNCTION FALLACY

Warum plausible Geschichten verführen können

Klaus ist 35. Er hat Philosophie studiert und sich seit dem Gymnasium mit Dritte-Welt-Themen auseinandergesetzt. Nach dem Studium arbeitete er zwei Jahre lang beim Roten Kreuz in Westafrika und dann drei Jahre im Genfer Hauptsitz, wo er zum Abteilungsleiter aufstieg. Anschließend machte er den MBA und schrieb seine Diplomarbeit über »Unternehmerische Gesellschaftsverantwortung«. Frage: Was ist wahrscheinlicher? A) »Klaus arbeitet für eine Großbank.« B) »Klaus arbeitet für eine Großbank und ist dort zuständig für die bankeigene Dritte-Welt-Stiftung.« A oder B?

Wenn Sie so ticken wie die meisten Menschen, werden Sie auf B tippen. Leider die falsche Antwort, denn Antwort B beinhaltet nicht nur, dass Klaus bei einer Großbank arbeitet, sondern dass eine zusätzliche Bedingung erfüllt ist. Nun ist aber die Anzahl Menschen, die Banker sind und für eine bankeigene Dritte-Welt-Stiftung arbeiten, eine winzige Teilmenge jener Menschen, die bei einer Bank arbeiten. Darum ist Antwort A viel wahrscheinlicher. Dass Ihnen vielleicht trotzdem B wahrscheinlicher schien, liegt an der *Conjunction Fallacy*. Dieser Denkfehler, für den es bislang kein deutsches Pendant gibt, wurde vom Nobelpreisträger Daniel Kahneman und Amos Tversky erforscht.

Warum fallen wir auf die *Conjunction Fallacy* herein? Weil wir ein intuitives Verständnis für »stimmige« oder »plausible« Geschichten haben. Je überzeugender, eindrücklicher, plastischer uns der Entwicklungshelfer Klaus geschildert wird, desto größer die Gefahr des Denkfehlers. Wenn ich Sie so gefragt hätte: »Klaus ist 35. Was ist wahrscheinlicher? A) Klaus arbeitet für eine Bank. B) Klaus arbeitet für eine Bank in Frankfurt auf der 24. Etage im Büro Nummer 57«, dann wären Sie nicht hereingefallen.

Hier ein weiteres Beispiel: Was ist wahrscheinlicher? A) »Der Flughafen Frankfurt ist geschlossen. Die Flüge wurden annulliert.« B) »Der Flughafen Frankfurt wurde wegen schlechten Wetters geschlossen. Die Flüge wurden annulliert.« A oder B? Diesmal liegen Sie bestimmt richtig: A ist wahrscheinlicher, denn B beinhaltet, dass eine zusätzliche Bedingung erfüllt ist, nämlich schlechtes Wetter. Es könnte ja auch sein, dass der Flughafen wegen Bombendrohung, Unfall oder Streik geschlossen wurde. Nur kommen uns diese Dinge angesichts einer »plausiblen« Geschichte nicht in den Sinn, zumindest, wenn wir nicht – wie Sie jetzt – dafür sensibilisiert sind. Machen Sie diesen Test mit Ihren Freunden. Sie werden sehen, die meisten tippen auf B.

Selbst Experten sind vor der *Conjunction Fallacy* nicht gefeit. An einem internationalen Kongress für Zukunftsforschung im Jahr 1982 wurden die Fachleute – allesamt Akademiker – in zwei Gruppen aufgeteilt. Der Gruppe A tischte Daniel Kahneman folgendes Szenario für das Jahr 1983 auf: »Der Ölverbrauch sinkt um 30 %.« Der Gruppe B legte er dieses Szenario vor: »Der dramatische Anstieg des Ölpreises führt zu einer Reduktion des Ölverbrauchs um 30 %.« Die Teilnehmer hatten anzugeben, wie wahrscheinlich sie »ihr« Szenario einschätzten. Das Ergebnis war eindeutig: Gruppe B glaubte viel stärker an die ihr vorgelegte Prognose als Gruppe A.

Kahneman geht davon aus, dass es zwei Arten des Denkens gibt: zum einen das intuitive, automatische, unmittelbare Denken. Zum anderen das bewusste, rationale, langsame, mühsame, logische Denken. Leider zieht das intuitive Denken Schlüsse, lange bevor das bewusste Denken in Fahrt kommt. So ging es mir zum Beispiel nach dem Attentat auf das World Trade Center vom 11. September 2001, als ich eine Reiseversicherung abschließen wollte. Eine clevere Firma machte sich die *Conjunction Fallacy* zunutze und bot eine spezielle »Terrorismusversicherung« an. Obwohl die anderen Versicherungen damals gegen alle möglichen Gründe von Reiseausfällen schützten (Terrorismus inbegriffen), fiel ich auf das Angebot herein. Der Gipfel meiner Idiotie war, dass ich sogar bereit war, mehr für die spezialisierte Versicherung zu bezahlen als für eine ganz normale Reiseversicherung, die den Fall auch abgedeckt hätte.

Fazit: Vergessen Sie das Modethema »linke und rechte Gehirnhälfte«. Viel wichtiger ist der Unterschied zwischen dem intuitiven und dem bewussten Denken. Das intuitive Denken hat ein Faible für plausible Geschichten. Bei wichtigen Entscheidungen tun Sie gut daran, ihnen nicht zu folgen.

FRAMING

C'est le ton qui fait la musique

»He, der Abfalleimer ist voll!« Oder: »Schatz, es wäre furchtbar lieb, wenn du noch schnell den Abfalleimer leeren könntest.« C'est le ton qui fait la musique – der Ton macht die Musik. Der gleiche Sachverhalt, so oder so dargestellt, kommt ganz unterschiedlich an. Im Psychologenjargon spricht man von *Framing*.

Framing (deutsch: einrahmen, man spricht auch vom Rahmeneffekt) bedeutet: Auf die genau gleiche Sachlage reagieren wir unterschiedlich, je nachdem, wie sie dargestellt wird. Daniel Kahneman, der 2002 den Wirtschaftsnobelpreis erhielt, und sein Kollege Amos Tversky führten in den 1980er-Jahren eine Befragung durch, bei der sie zwei Optionen einer Seuchenbekämpfungsstrategie präsentierten. Das Leben von 600 Personen stand auf dem Spiel. »Option A rettet 200 Personen das Leben.« »Option B bewirkt mit einer Wahrscheinlichkeit von einem Drittel, dass alle 600 Personen gerettet werden, und mit einer Wahrscheinlichkeit von zwei Dritteln, dass niemand gerettet wird.« Obwohl die Optionen A und B gleichwertig sind (der Erwartungswert liegt bei 200 Geretteten), wählte die Mehrheit aller Befragten Option A – frei nach dem Motto: Lieber den Spatz in der Hand als die Taube auf

dem Dach. So richtig interessant wurde es, als genau dieselben Optionen einfach anderes formuliert wurden: »Option A *tötet* 400 Personen.« »Option B bewirkt mit einer
Wahrscheinlichkeit von einem Drittel, dass niemand *stirbt*,
und mit einer Wahrscheinlichkeit von zwei Dritteln, dass
alle 600 Personen *sterben*.« Jetzt wählte nur noch eine
kleine Minderheit der Befragten A und die Mehrheit B.
Also gerade umgekehrt als bei der ersten Befragung. Je
nach sprachlicher Darstellung – retten vs. sterben – trafen
die Befragten ganz andere Entscheidungen für den iden-
tischen Sachverhalt.

Ein anderes Beispiel: Forscher präsentierten zwei Arten von Fleisch: »99 % fettfrei« und »1 % fetthaltig«. Die
Befragten stuften das erste Stück Fleisch als gesünder ein,
obwohl die beiden Fleischarten identisch waren. Selbst
bei der Auswahl zwischen »98 % fettfrei« und »1 % fetthaltig« entschieden sich die meisten Befragten für die erste
Variante – die doppelt so viel Fett enthielt.

Schönfärberei ist eine besonders gängige Spielart des
Framing. Sinkende Aktienkurse werden als »Korrektur«
bezeichnet. Ein überzahlter Akquisitionspreis als »Good-
will«. In jedem Managementkurs lernen wir, dass ein Problem kein »Problem«, sondern eine »Chance« ist. Ein
gefeuerter Manager ist jemand, der sein Leben »neu aus-
richtet«. Ein gefallener Soldat – egal wie viel Pech oder
Dummheit zu seinem Tod führten – ist ein »Kriegsheld«.
Völkermord ist »ethnische Säuberung«. Die geglückte Not-
landung, zum Beispiel auf dem Hudson in New York, wird
als »Triumph der Aviatik« gefeiert. (Wäre nicht *keine* Not-
landung ein Triumph gewesen?)

Haben Sie schon einmal den Prospekt für ein Finanzprodukt – zum Beispiel für einen ETF, einen börsengehandelten Fonds – genauer angeschaut? Oft ist darauf die Performance der letzten Jahre abgebildet. Wie viele Jahre zurück? So viele, dass eine möglichst schön ansteigende Kurve entsteht. Auch das ist *Framing*. Oder: Dasselbe Stück Brot, entweder als »symbolischer« oder »wahrer« Leib Christi *geframed*, kann eine Glaubensrichtung spalten. So geschehen im 16. Jahrhundert.

Den Regeln des *Framing* gehorchen wir auch, wenn wir unsere Aufmerksamkeit auf nur einen oder wenige Aspekte des Ganzen lenken. Beim Kauf eines Gebrauchtwagens konzentrieren wir uns zum Beispiel auf den Kilometerstand, aber nicht auf den Zustand des Motors, der Bremsen, des Interieurs. Die Kaufentscheidung wird also durch den Kilometerstand beeinflusst. Das ist nur natürlich, denn wir können nie restlos alle Aspekte betrachten. Mit einem anderen Frame hätten wir vielleicht anders entschieden.

Schriftsteller setzen *Framing* ganz bewusst ein. Ein Krimi wäre langweilig, wenn der Mord Schritt für Schritt so dargestellt würde, wie er stattgefunden hat. Das wäre kein Krimi, sondern ein Sachbuch. Obschon am Schluss eh die ganze Geschichte erzählt ist, wird sie erst durch das *Framing* spannend.

Fazit: Seien Sie sich bewusst, dass Sie nichts darstellen können, ohne zu *framen*, und dass jeder Sachverhalt – ob Sie ihn von einem treuen Freund hören oder in einer seriösen Zeitung lesen – dem *Framing* unterliegt. Auch dieses Kapitel.

THE ACTION BIAS

Warum abwarten und nichtstun eine Qual ist

Fußballer, die einen Elfmeter zu versenken haben, schießen in einem Drittel der Fälle in die Mitte des Tors, in einem Drittel nach links und in einem Drittel nach rechts. Was tun die Torhüter? Sie hechten zu 50 % nach links und zu 50 % nach rechts. Jedenfalls bleiben sie nur selten in der Mitte stehen – und das, obwohl ein Drittel aller Bälle dort landet. Warum? Weil es viel besser aussieht und es sich weniger peinlich anfühlt, auf die falsche Seite zu hechten, als wie ein Trottel stehen zu bleiben und den Ball links oder rechts vorbeisegeln zu sehen. Das ist der *Action Bias* (auf Deutsch etwa: Überaktivität): Aktiv werden, selbst wenn es nichts nützt.

Die Fußballstudie stammt vom israelischen Forscher Bar Eli, der Hunderte von Elfmetersituationen ausgewertet hat. Aber nicht nur Torhüter verfallen dem *Action Bias*. Eine Gruppe Jugendlicher außerhalb eines Nachtklubs schreien sich an, gestikulieren wild. Die Situation ist nahe daran, in eine veritable Schlägerei auszuarten. Junge Polizisten in Begleitung von dienstälteren Berufskollegen halten sich zurück, beobachten die Situation aus der Distanz und greifen erst dann ein, wenn es die ersten Verletzten gibt. Wenn keine erfahrenen Polizisten dabei sind, sieht es anders aus: Die jungen, übereifrigen Ordnungshüter lassen sich vom *Action Bias* übermannen, das heißt, sie greifen sofort ein. Diese Studie aus Großbritannien zeigt auch, dass es dort, wo die Polizisten lange abwarten, weniger Verletzte gibt als in Situationen, in denen die (jungen) Polizisten frühzeitig intervenieren.

Der *Action Bias* kommt besonders dann zum Tragen, wenn eine Situation neu oder unklar ist. Vielen Investoren geht es wie den unerfahrenen Polizisten vor dem Nachtklub: Sie können das Treiben an der Börse noch nicht richtig einschätzen und verfallen in eine Art Hyperaktivität. Natürlich lohnt sich das nicht. Warren Buffett drückt es so aus: »Beim Investieren korreliert Aktivität nicht mit Leistung.« Weitere knackige Zitate von Warren Buffett und Charlie Munger im Anhang.

Der *Action Bias* kommt in den gebildetsten Kreisen vor. Ein Arzt hat einen Patienten mit einem unklaren Krankheitsbild vor sich. Vor die Wahl gestellt, ob er eingreifen soll oder nicht, also ein Medikament zu verschreiben oder abzuwarten, wird er tendenziell die aktive Variante wählen. Wir brauchen ihm nicht mal zu unterstellen, er tue dies aus finanziellen Überlegungen – es ist einfach der *Action Bias*, der ihn dazu bewegt.

Warum gibt es den *Action Bias*? In einer Jäger-und-Sammler-Umgebung, für die wir optimiert sind, zahlt sich Aktivität viel stärker aus als Nachdenken. Blitzschnelles Reagieren war in der Vergangenheit überlebenswichtig. Nachdenken konnte tödlich sein. Wenn unsere Vorfahren am Waldrand eine Silhouette auftauchen sahen, die wie ein Säbelzahntiger aussah, setzten sie sich nicht wie Rodins »Denker« auf einen Stein, um taxonomische Überlegungen anzustellen. Sie hauten ab, und zwar schleunigst. Wir sind alle Nachkommen dieser Schnellreagierer, die lieber einmal zu oft weggerannt sind. Doch unsere heutige Welt ist anders – sie belohnt scharfes Nachdenken gegenüber Aktivität. Die Umstellung fällt uns schwer.

Sie erhalten keine Ehrung, keine Medaille, keine Statue mit Ihrem Namen drauf, wenn Sie *durch Abwarten* genau die richtige Entscheidung treffen – für das Wohl der Firma, des Staates, der Menschheit. Haben Sie hingegen Entschlossenheit demonstriert, rasch gehandelt, und eine Situation hat sich verbessert (wenn auch vielleicht rein zufällig) – dann stehen die Chancen nicht schlecht, dass Sie auf dem Dorfplatz geehrt werden oder zumindest Mitarbeiter des Jahres werden. Die Gesellschaft zieht gedankenloses Handeln dem sinnvollen Abwarten vor.

Fazit: In unklaren Situationen verspüren wir den Impuls, etwas zu tun, irgendetwas – egal ob es hilft oder nicht. Danach fühlen wir uns besser, selbst wenn sich nichts zum Besseren gewendet hat. Oft ist das Gegenteil der Fall. Kurzum, wir handeln tendenziell zu schnell und zu oft. Daher: Wenn die Situation unklar ist, unternehmen Sie nichts, gar nichts, bis Sie die Situation besser einschätzen können. Halten Sie sich zurück. »Das ganze Unglück der Menschen besteht darin, dass sie *nicht* in der Lage sind, ruhig in ihrem Zimmer zu bleiben«, schrieb schon Blaise Pascal. Zu Hause, in seiner Schreibstube.

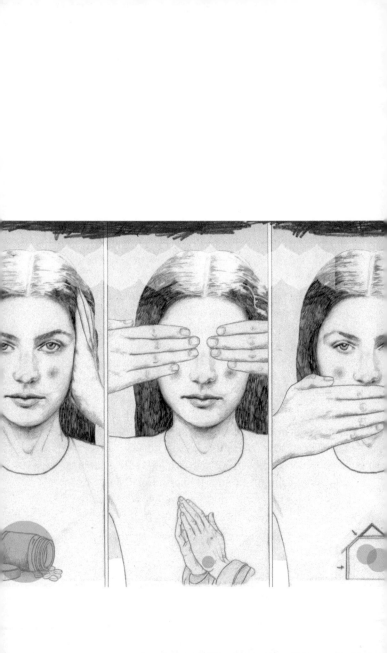

THE OMISSION BIAS

Warum Sie entweder die Lösung sind – oder
das Problem

Zwei Bergsteiger. Der erste fällt in eine Gletscherspalte.
Sie könnten ihn retten, indem Sie Hilfe organisieren, tun
es aber nicht, und folglich stirbt er. Den zweiten stoßen
Sie aktiv in die Gletscherspalte. Auch er stirbt nach kurzer Zeit. Welche Tat wiegt schwerer? Rational betrachtet
sind beide Taten gleich verwerflich. Die Unterlassung der
Hilfe als auch der aktive Mord – sie führen beide zum
Tod. Und doch sagt uns irgendein Gefühl, dass die Unterlassung weniger schlimm wiegt. Dieses Gefühl nennt
man *Omission Bias* (deutsch: Unterlassungsirrtum). Der
Omission Bias tritt immer dort auf, wo sowohl eine Unterlassung als auch eine Handlung zu Schaden führen können. Dann wird meist die Unterlassung gewählt, weil die
so verursachten Schäden subjektiv harmloser scheinen.

Angenommen, Sie sind der Chef der Medikamenten-
zulassungsbehörde Ihres Landes. Sie stehen vor der Entscheidung, ob ein Medikament für Todkranke zugelassen werden soll. Das Medikament hat starke Nebeneffekte.
Es tötet 20 % der Patienten auf der Stelle, rettet aber das
Leben von 80 % in kurzer Frist. Wie entscheiden Sie?

Wenn Sie so ticken wie die meisten, verbieten Sie die
Zulassung. Ein Medikament, das jeden Fünften auf der

Stelle hinrafft, empfinden Sie als schlimmer als die Tatsache, dass 80 % der Patienten, die hätten gerettet werden können, nun eben nicht gerettet werden. Eine absurde Entscheidung, aber im Einklang mit dem *Omission Bias*. Angenommen, Sie sind sich des *Omission Bias* bewusst und entschließen sich im Namen der Vernunft und der Moral dazu, das Medikament doch zuzulassen. Was passiert, wenn, wie vorausgesehen, der erste Patient daran stirbt? Ein Aufschrei geht durch die Presse, und Sie sind Ihren Job los. Als Beamter oder Politiker tun sie gut daran, den *Omission Bias* im Volk ernst zu nehmen – und selbst zu pflegen.

Wie fix diese »moralische Verzerrung« in unseren Köpfen festsitzt, zeigt die Rechtsprechung. Aktive Sterbehilfe, auch wenn sie dem ausdrücklichen Wunsch des Sterbenden entspricht, ist in Deutschland und in der Schweiz strafbar, während der vorsätzliche Verzicht auf lebenserhaltende Maßnahmen straflos bleibt.

Der *Omission Bias* erklärt, warum Eltern manchmal zögern, ihre Kinder impfen zu lassen, obwohl die Impfung das Krankheitsrisiko nachweislich senkt. Objektiv betrachtet müsste man diese Eltern der aktiven Schädigung der Kinder bezichtigen, falls die Kinder dann tatsächlich erkranken. Aber eben: Vorsätzliche Unterlassung empfinden wir als weniger schlimm als eine verwerfliche, aktive Handlung.

Der *Omission Bias* erklärt, warum wir viel lieber jemanden ins Messer laufen lassen, als ihm direkt Schaden zuzufügen. Keine neuen Produkte zu entwickeln, empfinden Investoren und Wirtschaftsjournalisten als weniger schlimm, als falsche Produkte zu entwickeln, auch wenn beides zum Bankrott der Firma führt. Auf einem Bündel miserabler Aktien sitzen zu bleiben, die wir vor Jahren geerbt haben, empfinden wir als weniger schlimm, als die falschen Aktien gekauft zu haben. Keine Abgaswaschanlage in einem Kohlekraftwerk einzubauen, ist weniger schlimm, als die Abgaswaschanlage aus Kostengründen zu entfernen. Das eigene Haus nicht zu isolieren, ist weniger schlimm, als das Heizöl, das damit hätte eingespart werden können, als offenes Feuer zur eigenen Belustigung zu verbrennen. Einkommen einfach nicht zu deklarieren, ist weniger schlimm, als Steuerdokumente zu fälschen – obwohl das Resultat dasselbe ist.

Im vorherigen Kapitel haben wir den *Action Bias* kennengelernt. Ist er das Gegenteil zum *Omission Bias*? Nicht ganz. Der *Action Bias* kommt ins Spiel, wenn eine Situation unklar, widersprüchlich, opak ist. Dann tendieren wir zu Umtriebigkeit, auch wenn es keinen vernünftigen Grund dafür gibt. Beim *Omission Bias* ist die Situation meistens übersichtlich: Ein zukünftiger Schaden könnte durch heutiges Handeln abgewendet werden, aber das Abwenden eines Schadens motiviert uns nicht so stark, wie es die Vernunft geböte.

Der *Omission Bias* ist sehr schwer zu erkennen – Verzicht auf Handlung ist weniger sichtbar als Handlung. Die 68er-Bewegung, das muss man ihr lassen, hat ihn durchschaut und mit einem prägnanten Slogan bekämpft: »Wenn du nicht Teil der Lösung bist, bist du Teil des Problems.«

THE SELF-SERVING BIAS

Warum Sie nie selber schuld sind

Lesen Sie Geschäftsberichte – insbesondere die Kommentare der CEOs? Nein? Schade, denn dort blühen Beispiele eines Irrtums, dem wir alle in der einen oder anderen Form verfallen sind. Der Denkfehler geht so: Hat die Firma ein ausgezeichnetes Jahr hinter sich, begründet es der CEO mit glänzenden Entscheidungen, seinem unermüdlichen Einsatz und der dynamischen Unternehmenskultur, die er in Schwung hält. Hat die Firma hingegen ein schlechtes Jahr hinter sich, so ist der starke Euro schuld, die Bundesregierung, die hinterlistigen Handelspraktiken der Chinesen, die versteckten Zölle der Amerikaner, überhaupt die verhaltene Konsumentenstimmung. Erfolge schreibt man sich selbst zu, Misserfolge externen Faktoren. Das ist der *Self-Serving Bias* (auf Deutsch etwa: selbstwertdienliche Beurteilung).

Auch wenn Sie den Ausdruck noch nicht kannten – Sie kennen den *Self-Serving Bias* von der Schule her. Für den Einser waren Sie verantwortlich; das Glanzresultat widerspiegelte Ihre wahren Kenntnisse und Fähigkeiten. Und wenn Sie einen Fünfer hatten, einen Reinfall? Dann war die Prüfung unfair. Heute kümmern Sie sich nicht mehr um Schulnoten, aber vielleicht um Börsenkurse. Haben

Sie einen Gewinn eingefahren, glorifizieren Sie sich selbst. Bei einem Verlust geben Sie der »Börsenstimmung« (was auch immer das ist) die Schuld oder Ihrem Anlageberater. Auch ich mache vom *Self-Serving Bias* ausgiebig Gebrauch: Erklimmt mein neuer Roman die Bestsellerliste, klopfe ich mir auf die Schulter: Klar, mein bislang bestes Buch! Geht der Roman in der Flut der Neuheiten unter, erscheint mir das ebenso logisch: Die Kritiker sind neidisch und schreiben Verrisse, und die Leser begreifen nicht, was gute Literatur ist.

Absolventen eines Persönlichkeitstests wurden nach dem Zufallsprinzip gute oder schlechte Noten zugeteilt. Jene, die eine gute Note erhielten, fanden den Test stichhaltig und allgemeingültig. Wer zufällig eine schlechte Note bekam, fand den Test überhaupt nicht aussagekräftig. Warum diese Verzerrung? Warum interpretieren wir Erfolge als eigene Leistung und schreiben Misserfolge anderen zu? Es gibt viele Theorien. Die einfachste Erklärung ist wohl: Weil es sich gut anfühlt. Und weil der Schaden, den wir uns damit anrichten, sich normalerweise in Grenzen hält. Wäre das nicht der Fall, hätte die Evolution diesen Denkfehler im Verlauf der letzten 100.000 Jahre ausradiert. Aber Vorsicht. In einer modernen Welt mit unübersichtlichen Risiken kann der *Self-Serving Bias* schnell in die Katastrophe führen. Ein gutes Beispiel ist Richard Fuld, der sich selbst gerne als »Master of the Universe« bezeichnete. Bis 2008 zumindest – Fuld war CEO von Lehman Brothers.

In den USA gibt es einen standardisierten Test, den sogenannten SAT, den alle Schüler durchlaufen, die sich um einen Studienplatz bewerben. Das Resultat liegt jeweils zwischen 200 und 800 Punkten. Wenn die Studenten ein Jahr nach der Prüfung nach ihrem SAT-Resultat gefragt werden, geben sie ihr Prüfungsergebnis im Durchschnitt um 50 Punkte zu hoch an. Interessant: Sie lügen nicht dreist, sie übertreiben nicht maßlos, sondern »frisieren« das Resultat nur ein bisschen – bis sie selber daran glauben.

Im Haus, in dem ich wohne, gibt es eine WG, die sich fünf Studenten teilen. Den einen oder anderen treffe ich manchmal im Fahrstuhl. Ich fragte jeden von den Jungs separat, wie oft er den WG-Müll hinaustrage. Einer sagte: »Jedes zweite Mal.« Ein anderer: »Jedes dritte Mal.« Ein anderer, fluchend, denn ich traf ihn grad mit einem geplatzten Müllsack an: »Sozusagen immer, zu 90 %.« Obwohl alle Antworten zusammen 100 % ergeben sollten, addierten sie sich zu 320 %! Die WG-Bewohner überschätzten systematisch ihre Rolle – und sind darin nicht anders als wir alle. In einer Ehe spielt derselbe Mechanismus: Es ist wissenschaftlich erwiesen, dass sowohl Männer als auch Frauen ihren Beitrag zum Funktionieren der Partnerschaft mit über 50 % bewerten.

Wie dem *Self-Serving Bias* entgegentreten? Haben Sie Freunde, die Ihnen ungeschminkt die Wahrheit sagen? Wenn ja, können Sie sich glücklich schätzen. Wenn nicht, haben Sie wenigstens einen persönlichen Feind? Gut. Dann springen Sie über Ihren Schatten und laden Sie ihn zum Kaffee ein. Bitten Sie ihn, seine Meinung zu Ihrer Person unverhohlen auszubreiten. Sie werden ihm ewig dankbar sein.

THE HEDONIC TREADMILL

Warum Sie Ihren Arbeitsweg kurz halten
sollten

Angenommen, eines Tages klingelt Ihr Telefon: Man teilt
Ihnen mit, dass Sie zehn Millionen im Lotto gewonnen
haben. Wie werden Sie sich fühlen, und wie lange werden
Sie sich so fühlen? Anderes Szenario: Ihr Telefon klingelt,
und man teilt Ihnen mit, dass Ihr bester Freund gestorben
ist. Wie werden Sie sich fühlen, und wie lange werden Sie
sich so fühlen?

In einem früheren Kapitel haben wir die miserable Qualität von Prognosen – in den Bereichen Politik, Wirtschaft
und Gesellschaft – untersucht und stellten fest: Experten
arbeiten nicht besser als ein Zufallsgenerator. Wie gut
sind wir im Prognostizieren unserer eigenen Gefühle?
Wird der Lottogewinn von zehn Millionen Sie viele Jahre lang sehr glücklich machen? Der Harvard-Psychologe
Dan Gilbert hat Lottogewinner untersucht und festgestellt, dass der Happiness-Effekt nach durchschnittlich
drei Monaten verpufft. Drei Monate nach der großen Bank-
überweisung werden Sie so glücklich oder unglücklich
sein wie zuvor.

Ein Freund, Manager bei einer Bank, und allein aufgrund dieses Umstands mit unanständig viel Einkommen
gesegnet, entschloss sich, aus der Stadt wegzuziehen und

ein Haus außerhalb von Zürich zu bauen. Aus seinem Traum wurde eine Villa mit zehn Zimmern, Schwimmbad und einer beneidenswerten Aussicht auf See und Berge. In den ersten Wochen strahlte er vor Glück. Doch schon bald war kein Überschwang mehr zu erkennen, und sechs Monate später war er unglücklicher als je zuvor. Was war passiert? Der Happiness-Effekt war nach drei Monaten verpufft, die Villa nichts Besonderes mehr. »Ich komme von der Arbeit nach Hause, stoße die Tür auf und realisiere gar nicht mehr, was für ein Haus das ist. Meine Gefühle unterscheiden sich in nichts von jenen, die ich als Student beim Betreten meiner Einzimmerwohnung hatte.« Gleichzeitig aber kämpfte der arme Kerl jetzt mit einem Arbeitsweg von durchschnittlich 50 Minuten. Studien belegen, dass Pendeln mit dem Auto am meisten Unzufriedenheit auslöst und man sich kaum daran gewöhnt. Wer keine angeborene Affinität für den Pendelverkehr hat, wird täglich daran leiden. Wie auch immer: Der Nettoeffekt der Villa auf die Glückseligkeit meines Freundes war jedenfalls negativ.

Anderen geht es nicht besser: Menschen, die einen Karriereschritt geschafft haben, sind nach durchschnittlich drei Monaten wieder so glücklich oder unglücklich wie zuvor. Dasselbe bei jenen, die immer den neuesten Porsche haben müssen. Die Wissenschaft nennt diesen Effekt *Hedonic Treadmill* (auf Deutsch etwa: Zufriedenheits-Hamsterrad): Wir arbeiten und steigen auf und leisten uns mehr und schönere Dinge, und doch werden wir nicht glücklicher.

Wie sieht es bei negativen Schicksalen aus – zum Beispiel bei einer Querschnittslähmung oder dem Verlust eines Freundes? Auch hier überschätzen wir systematisch die Länge und Intensität zukünftiger Emotionen. Wenn eine Liebe in Brüche geht, bricht die Welt zusammen. Die Gepeinigten sind zutiefst überzeugt, nie mehr auch nur einen Hauch von Glückseligkeit zu verspüren – doch nach durchschnittlich drei Monaten lachen sie wieder.

Wäre es nicht schön, wir wüssten genau, wie glücklich uns ein neues Auto, eine neue Karriere, eine neue Beziehung machen würde? Dann könnten wir klarer entscheiden und würden nicht mehr ständig im Dunkeln tappen. Ja, schön wäre es, und in Ansätzen möglich. Hier die wenigen wissenschaftlich gesicherten Tipps: 1) Vermeiden Sie negative Effekte, an die man sich auch nach langer Zeit nicht gewöhnt: Pendelverkehr, Lärm, chronischen Stress. 2) Erwarten Sie nur einen kurzfristigen Effekt von materiellen Dingen – Autos, Häuser, Boni, Lottogewinne, Goldmedaillen. 3) Dauerhafte positive Effekte haben vorwiegend damit zu tun, wie Sie Ihre Zeit verbringen. Sorgen Sie für möglichst viel Freizeit und Autonomie. Tun Sie, was Ihrer Passion am nächsten kommt – auch wenn Sie einen Teil Ihres Einkommens einbüßen. Investieren Sie in Freundschaften. Bei Frauen haben Brustimplantate einen dauerhaften Happiness-Effekt, bei Männern ist es der berufliche Status – allerdings nur, solange der Mann nicht gleichzeitig die Vergleichsgruppe wechselt. Wenn Sie also zum CEO aufsteigen und sich dann nur noch mit anderen CEOs unterhalten, verpufft der Effekt.

THE SELF-SELECTION BIAS

Staunen Sie nicht, dass es Sie gibt

Unterwegs auf der A5 von Basel nach Frankfurt geriet ich in einen Stau. »Warum zum Teufel immer ich?«, fluchte ich und blickte auf die Gegenfahrbahn, wo die Autos mit beneidenswerter Geschwindigkeit südwärts zogen. Während ich eine Stunde lang im Schneckentempo zwischen Leerlauf und erstem Gang hin und her schaltete, und mein Knie vom Kuppeln müde wurde, fragte ich mich, ob ich wirklich so ein außergewöhnlich armer Kerl sei. Stehe ich tatsächlich meistens just an den Schaltern (Bank, Post, Einkaufsladen), wo es kaum vorwärtsgeht? Oder erliege ich einer Täuschung? Angenommen, zwischen Basel und Frankfurt entwickelt sich in 10 % aller Zeit ein Stau. Die Wahrscheinlichkeit, dass ich an einem bestimmten Tag stecken bleibe, ist nicht größer als die Wahrscheinlichkeit, mit denen diese Staus eben auftreten, also 10 %. Die Wahrscheinlichkeit aber, dass ich zu einem bestimmten Zeitpunkt meiner Fahrt tatsächlich im Stau stecke, ist größer als 10 %. Der Grund: Weil ich mich im Stau nur kriechend fortbewege, verbringe ich überproportional viel Zeit im Stau. Hinzu kommt: Wenn der Verkehr zügig fließt, verschwende ich keine Gedanken darauf. In dem Moment, wo ich aber drinstecke, fällt mir der Stau auf.

194 THE SELF-SELECTION BIAS

Dasselbe gilt für das Schlangestehen vor Bankschaltern oder Rotlichtern: Wenn auf einer Strecke zwischen A und B zehn Rotlichter stehen, von denen im Durchschnitt eines auf Rot (10 %) und neun auf Grün sind, verbringen Sie, auf Ihre gesamte Fahrzeit gerechnet, mehr als 10 % vor dem Rotlicht. Unklar? Dann stellen Sie sich vor, Sie seien mit Lichtgeschwindigkeit unterwegs. In diesem Fall stünden Sie zu 99,99 % Ihrer gesamten Reisezeit wartend und fluchend vor der einen roten Ampel.

Wann immer wir Teil der Stichprobe sind, müssen wir aufpassen, nicht auf einen Denkfehler reinzufallen, der als *Self-Selection Bias* bekannt ist (deutsch: Selbstselektionsfehler). Meine männlichen Bekannten beklagen oft die Tatsache, dass es in ihren Firmen so wenige Frauen gibt; meine weiblichen Bekannten, dass in ihren Firmen zu wenig Männer arbeiten. Mit Pech hat das nichts zu tun: Die Klagenden sind Teil der Stichprobe. Die Wahrscheinlichkeit, dass ein beliebiger Mann in einer Branche mit Männerüberschuss arbeitet, ist eben hoch. Dito für Frauen. Im größeren Maßstab: Wohnen Sie in einem Land mit einem großen Männer- oder Frauenüberschuss (zum Beispiel in China beziehungsweise Russland), werden Sie mit größerer Wahrscheinlichkeit zum überschüssigen Geschlecht gehören und sich entsprechend ärgern. Bei Wahlen ist die Wahrscheinlichkeit am größten, dass Sie die größte Partei gewählt haben. Bei Abstimmungen ist die Wahrscheinlichkeit am höchsten, dass Ihre Stimme der siegenden Mehrheit entspricht.

Der *Self-Selection Bias* ist allgegenwärtig. Marketingverantwortliche stolpern oft in die Falle. Beispiel: Ein Newsletter-Verlag verschickt einen Fragebogen an seine Abonnenten mit dem Ziel, herauszufinden, wie wertvoll sie den Newsletter einschätzen. Leider erhalten nur Kunden diesen Fragebogen, die den Newsletter abonniert und noch nicht abbestellt haben – also hauptsächlich zufriedene Kunden (die anderen haben sich aus der Stichprobe verabschiedet). Resultat: Die Umfrage ist wertlos.

Oder: Vor nicht allzu langer Zeit bemerkte ein Freund voller Pathos, es grenze doch an ein Wunder, dass er – gerade er! – überhaupt existiere. Ein klassisches Opfer des *Self-Selection Bias*. Eine solche Bemerkung kann nur jemand machen, der tatsächlich existiert. Wer nicht existiert, kann sich darüber auch nicht wundern. Und doch: Genau denselben Fehlschluss machen Jahr für Jahr mindestens ein Dutzend Philosophen, die sich in ihren Büchern daran ergötzen, dass so etwas Geniales wie die Sprache entstehen konnte. Ich habe durchaus Sympathie für ihr Staunen, aber begründet ist es nicht. Gäbe es die Sprache nicht, könnten die Philosophen darüber gar nicht staunen, ja, es gäbe nicht einmal Philosophen. Das Staunen, dass es Sprache gibt, ist nur in einem Umfeld möglich, in dem es Sprache gibt.

Besonders lustig war neulich eine Telefonumfrage: Eine Firma wollte herausfinden, wie viele Telefone (Festnetz und Handys) es im Durchschnitt pro Haushalt gibt. Als die Umfrage ausgewertet wurde, staunte man darüber, dass kein einziger Haushalt angab, kein Telefon zu besitzen. Kunststück!

THE ASSOCIATION BIAS

Warum Erfahrung manchmal dumm macht

Schon dreimal hatte Kevin vor dem Aufsichtsrat die Ergebnisse seines Geschäftsbereichs präsentiert. Jedes Mal lief es perfekt. Und jedes Mal hatte er seine grün getüpfelten Unterhosen getragen. Klarer Fall, denkt er, das sind meine Glücksunterhosen.

Die Verkäuferin im Juweliergeschäft war so hübsch, dass Kevin nicht umhinkonnte, den 10.000 Euro teuren Verlobungsring zu kaufen, den sie ihm unverbindlich zeigte. 10.000 – das lag weit über seinem Budget (erst recht für eine zweite Ehe), doch unbewusst verknüpfte Kevin den Ring mit der Schönheit der Verkäuferin. Seine künftige Frau, stellte er sich vor, würde damit genauso blendend aussehen.

Jedes Jahr geht Kevin für eine Allgemeinuntersuchung zum Arzt. Meistens attestiert ihm dieser, er, Kevin, sei für sein Alter (44) »noch recht gut in Form«. Nur zweimal verließ er die Praxis bisher mit einer schockierenden Diagnose. Einmal war es der Blinddarm, der zügig herausoperiert werden musste. Ein anderes Mal ging es um eine Prostataschwellung, die sich in den Folgeuntersuchungen zum Glück nicht als Krebs, sondern als Entzündung herausstellte. Natürlich war Kevin außer sich, als er die Pra-

xis an diesen beiden Tagen verließ – und es waren beides
Mal außergewöhnlich heiße Tage. Seither fühlt er sich im-
mer unwohl, wenn die Sonne brennt. Steht mal an einem
Hitzetag ein Arztbesuch an, meldet er sich kurzfristig ab.

Unser Hirn ist eine Verknüpfungsmaschine. Das ist
grundsätzlich auch gut so: Wir essen eine unbekannte
Frucht, uns wird schlecht, also meiden wir die entspre-
chende Pflanze künftig und bezeichnen ihre Früchte als
giftig oder zumindest ungenießbar. So entsteht Wissen.

Nur: So entsteht auch falsches Wissen. Untersucht hat
dies zum ersten Mal Iwan Pawlow. Ursprünglich wollte
der russische Forscher bloß den Speichelfluss bei Hunden messen. Die Versuchsanordnung war so gebaut, dass
eine Glocke bimmelte, bevor die Hundenahrung geliefert
wurde. Bald reichte allein die Glocke, um bei den Hunden
die Speichelproduktion in Gang zu setzen. Sie verknüpf-
ten zwei Dinge, die funktional nichts miteinander zu tun
hatten – das Läuten einer Glocke und die Produktion von
Speichel.

Pawlows Methode funktioniert bei Menschen ebenso
gut. Die Werbung verknüpft Produkte mit positiven Emotionen. Darum werden Sie nie Coca-Cola in Verbindung
mit einem unzufriedenen Gesicht oder einem alten Körper sehen. Die Coca-Cola-Menschen sind jung, sie sind
schön, und sie haben unglaublich viel Spaß.

Der *Association Bias* beeinträchtigt die Qualität unserer Entscheidungen. Beispiel: Wir tendieren dazu, Über-
bringer von schlechten Nachrichten nicht zu mögen. Auf
Englisch bezeichnet man dies als *Shoot the Messenger Syn-
drome*. Der Botschafter wird mit dem Inhalt der Nachricht
assoziiert. Auch CEOs und Investoren haben die (unbe-

wusste) Tendenz, solchen vermeintlichen Unheilsbringern aus dem Weg zu gehen. Das Ergebnis: Auf der Teppichetage kommen nur gute Nachrichten an – es entsteht ein verzerrtes Bild der Situation. Warren Buffett ist sich dessen sehr bewusst: Er hat die CEOs seiner Firmen angewiesen, ihm die guten News gar nicht mitzuteilen, sondern nur die schlechten – und zwar ohne Umschweife.

In den Zeiten vor Telemarketing und E-Mail gingen Handelsreisende von Tür zu Tür und priesen ihre Waren an. Eines Tages kam der Handelsreisende George Foster an einem Haus vorbei, das unbewohnt war – was er nicht wissen konnte. Ein winziges Gasleck hatte das Haus über Wochen mit entflammbarem Gas gefüllt. Unglücklicherweise war die Klingel beschädigt. Als Foster auf den Knopf drückte, sprang ein Funke, und das Haus explodierte. Foster musste ins Spital eingeliefert werden. Zum Glück war er bald wieder auf seinen Beinen – was ihm allerdings nicht viel nützte, denn seine Panik vor Klingelknöpfen war so stark, dass er seinen Job viele Jahre lang nicht mehr ausüben konnte. Er wusste durchaus, wie unwahrscheinlich eine Wiederholung eines solchen Vorfalls war. Doch sein Verstand schaffte es beim besten Willen nicht, die (falsche) emotionale Verknüpfung zu überschreiben.

Was man daraus lernen kann, hat niemand treffender gesagt als Mark Twain: »Wir sollten darauf achten, einer Erfahrung nur so viel Weisheit zu entnehmen, wie in ihr steckt – mehr nicht; damit wir nicht der Katze gleichen, die sich auf eine heiße Herdplatte setzte. Sie setzt sich nie wieder auf eine heiße Herdplatte – und das ist richtig; aber sie setzt sich auch nie wieder auf eine kalte.«

DAS ANFÄNGERGLÜCK

Vorsicht, wenn zu Beginn alles gut läuft

Im letzten Kapitel haben wir den *Association Bias* kennengelernt – die Tendenz, Vorkommnisse miteinander zu verknüpfen, die nichts miteinander zu tun haben. Nur weil Kevin dreimal hintereinander eine glänzende Präsentation vor dem Aufsichtsrat gelungen ist und er dabei jedes Mal seine grün getüpfelten Unterhosen trug, macht es noch lange keinen Sinn, an Glücksunterhosen zu glauben.

Hier geht es um einen besonders heiklen Spezialfall des *Association Bias*: die (falsche) Verknüpfung mit früheren Erfolgen. Kasinospieler kennen das, sie sprechen von *Anfängerglück*. Wer in den ersten Runden eines Spiels verliert, steigt tendenziell aus. Wer abgesahnt hat, macht tendenziell weiter. Überzeugt, überdurchschnittliche Fähigkeiten zu besitzen, erhöht der Glückspilz den Einsatz – und wird später prompt zum Pechvogel, dann nämlich, wenn sich die Wahrscheinlichkeiten »normalisieren«.

Anfängerglück spielt in der Wirtschaft eine bedeutende Rolle: Firma A kauft die kleineren Firmen B, C und D. Die Akquisitionen bewähren sich jedes Mal. Dies bestärkt die Konzernführung in der Gewissheit, ein ausgezeichnetes

Händchen für Firmenkäufe zu haben. Beflügelt kauft Firma A nun die viel größere Firma E. Die Integration erweist sich als Desaster. Nüchtern betrachtet hätte man das ahnen können, aber man hat sich vom *Anfängerglück* blenden lassen.

Dasselbe an der Börse. Getrieben von anfänglichen Erfolgen steckten in den späten 90er-Jahren viele Anleger ihre ganzen Ersparnisse in Internetaktien. Manche nahmen dafür sogar Kredite auf. Sie übersahen ein kleines Detail: dass ihre vorerst verblüffenden Gewinne nichts mit ihren Fähigkeiten des Stock-Picking zu tun hatten. Der Markt ging einfach hoch. Man musste sich geradezu dumm anstellen, um zu dieser Zeit kein Geld zu verdienen. Als die Kurse dann kippten, blieben viele auf ihren Schulden sitzen.

Die gleiche Dynamik war während des amerikanischen Immobilienbooms von 2001 bis 2007 zu beobachten. Zahnärzte, Anwälte, Lehrer und Taxifahrer gaben ihre Jobs auf, um Häuser zu »flippen« – sie zu kaufen und dann sofort zu einem höheren Preis weiterzuverkaufen. Die ersten, fetten Gewinne gaben ihnen recht, aber natürlich hatten auch die nichts mit besonderen Fähigkeiten zu tun: Die Immobilienblase trug jeden noch so ungeschickten Hobbymakler in ungeahnte Höhen. Viele verschuldeten sich, um noch mehr und noch größere Villen zu »flippen«. Als der Markt schließlich zusammenbrach, saßen sie auf einem Trümmerfeld.

Anfängerglück gibt es auch in der Weltgeschichte. Ich bezweifle, ob Napoleon oder Hitler einen Russlandfeldzug gewagt hätten – ohne die vorherigen Siege.

Ab welchem Moment ist es nicht mehr *Anfängerglück*, sondern Talent? Es gibt keine klare Grenze, aber zwei gute Hinweise. Erstens: Wenn Sie über eine lange Zeit deutlich besser sind als die anderen, können Sie davon ausgehen, dass Talent zumindest eine Rolle spielt. Sicher sein können Sie jedoch nie. Zweitens: Je mehr Menschen mitspielen, desto größer ist die Wahrscheinlichkeit, dass jemand aus purem Glück über lange Zeit Erfolg hat. Vielleicht sind Sie dieser Jemand. Falls Sie sich in einem Markt mit nur zehn Mitbewerbern als Leader etablieren, ist das ein gewisser Hinweis für Talent. Weniger stolz sollte Sie ein Erfolg in einem Markt mit zehn Millionen Mitbewerbern machen (zum Beispiel im Finanzmarkt). Gehen Sie in diesem Fall davon aus, dass Sie einfach sehr viel Glück hatten.

So oder so: Warten Sie mit Ihrem Urteil zu. *Anfängerglück* kann verheerend sein. Um sich gegen Selbsttäuschungen zu wappnen, gehen Sie wie ein Wissenschaftler vor: Testen Sie Ihre Annahmen. Versuchen Sie, sie zu falsifizieren. Als ich meinen ersten Roman – *Fünfunddreißig* – fertig in der Schublade hatte, schickte ich ihn an einen einzigen Verlag: Diogenes. Prompt wurde er angenommen. Einen Moment lang fühlte ich mich als Genie, als literarische Sensation. (Die Chance, dass ein unaufgefordertes Manuskript bei Diogenes verlegt wird, liegt bei eins zu 15.000). Nachdem ich den Verlagsvertrag unterzeichnet hatte, schickte ich das Manuskript – zum Test – an zehn andere große Belletristikverlage. Von allen zehn erhielt ich Absagen. Meine »Genie-Theorie« wurde falsifiziert – was mich wieder auf den Boden geholt hat.

DIE KOGNITIVE DISSONANZ

Wie Sie mit kleinen Lügen Ihre Gefühle in Ordnung bringen

Ein Fuchs schlich sich an einen Weinstock heran. Sein Blick hing sehnsüchtig an den dicken, blauen, überreifen Trauben. Er stützte sich mit seinen Vorderpfoten gegen den Stamm, reckte seinen Hals empor und wollte ein paar Trauben erwischen, aber sie hingen zu hoch. Verärgert versuchte er sein Glück noch einmal. Diesmal tat er einen gewaltigen Satz, doch er schnappte nur ins Leere. Ein drittes Mal sprang er aus Leibeskräften – so hoch, dass er auf den Rücken fiel. Nicht ein Blatt hatte sich bewegt. Der Fuchs rümpfte die Nase: »Sie sind mir noch nicht reif genug, ich mag keine sauren Trauben.« Mit erhobenem Haupt stolzierte er in den Wald zurück. Die Fabel des griechischen Dichters Äsop illustriert einen der häufigsten Denkfehler. Was sich der Fuchs nämlich vorgenommen hat und was dabei herausgekommen ist, passen nicht zusammen. Diesen ärgerlichen Widerspruch (Dissonanz) kann der Fuchs auf drei Arten entschärfen: A) indem er sich die Trauben auf irgendeine Art doch noch holt, B) indem er sich eingesteht, dass seine Fähigkeiten dazu nicht ausreichen, C) indem er nachträglich etwas um-interpretiert. Im letzteren Fall spricht man von *kognitiver Dissonanz* beziehungsweise von deren Auflösung.

Ein einfaches Beispiel: Sie haben einen neuen Pkw gekauft. Schon bald bereuen Sie Ihre Wahl: Der Motor ist laut, die Sitze unbequem. Was tun? Sie geben den Wagen nicht zurück – nein, das wäre ja ein Eingeständnis, einen Fehler gemacht zu haben, und wahrscheinlich würde der Händler ihn ohne Abschlag ohnehin nicht mehr wollen. Also reden Sie sich ein, dass ein lauter Motor und unbequeme Sitze immerhin vorzüglich geeignet sind, Sie vor dem Einschlafen am Steuer zu hindern – dass Sie also einen besonders sicheren Wagen gekauft haben. Gar nicht so dumm, denken Sie, und sind mit Ihrer Wahl doch wieder zufrieden.

Leon Festinger und Merrill Carlsmith von der Stanford University wiesen ihre Studenten an, eine Stunde lang eine todlangweilige Arbeit auszuüben. Danach teilten sie die Probanden nach Zufall in zwei Gruppen. Jedem Studenten der Gruppe A drückten Sie einen Dollar (das war im Jahr 1959) in die Hand und wiesen ihn an, einem draußen wartenden Kommilitonen von der eigentlich mühseligen Arbeit vorzuschwärmen, also zu lügen. Dasselbe mit den Studenten der Gruppe B, mit dem einzigen Unterschied: Sie erhielten 20 Dollar für die kleine Lügerei. Später mussten die Studenten angeben, wie angenehm sie die Arbeit denn wirklich empfunden hatten. Interessant: Wer nur einen Dollar erhalten hatte, bewertete die Arbeit als bedeutend angenehmer und interessanter als jene, die mit 20 Dollar belohnt worden waren. Warum? Für einen läppischen Dollar zu lügen machte keinen Sinn, also konnte die Arbeit wirklich nicht so schlimm gewesen sein. Diejenigen, die 20 Dollar erhielten, mussten nichts uminterpretieren. Sie hatten gelogen und dafür

20 Dollar kassiert – ein fairer Deal. Sie verspürten keine *kognitive Dissonanz*.

Angenommen, Sie haben sich um eine Stelle beworben, aber man hat Ihnen einen anderen Kandidaten vorgezogen. Statt sich einzugestehen, dass Sie nicht genügend qualifiziert sind, reden Sie sich ein, dass Sie im Grunde die Stelle gar nie haben wollten. Sie wollten nur wieder mal Ihren »Marktwert« testen, schauen, ob man Sie überhaupt noch zu Bewerbungsgesprächen einlädt.

Ganz ähnlich reagierte ich, als ich vor einiger Zeit zwischen zwei Aktien zu wählen hatte. Diejenige, die ich kaufte, verlor kurz danach deutlich an Wert, während die andere kräftig zulegte. Zu dumm, aber ich konnte mir den Fehler nicht eingestehen. Im Gegenteil, ich erinnere mich genau, dass ich einem Freund allen Ernstes weiszumachen versuchte, die Aktie schwächle zwar gerade etwas, aber sie habe »mehr Potenzial« als die andere. Eine hochgradig unvernünftige Selbsttäuschung, die nur mit *kognitiver Dissonanz* zu erklären ist. Das »Potenzial« nämlich wäre noch größer geworden, wenn ich mit dem Kauf zugewartet und mir die Zeit bis dahin mit der anderen, gut performenden Aktie vertrieben hätte. Es war mein Freund, der mir die Äsop-Fabel erzählte. »Du kannst noch so sehr den schlauen Fuchs spielen – die Trauben hast du damit nicht gefressen.«

THE HYPERBOLIC DISCOUNTING

Carpe Diem – aber bitte nur am Sonntag

Sie kennen den Satz: »Genieß jeden Tag, als wäre es dein letzter.« Er findet sich mindestens dreimal in jeder Lifestyle-Zeitschrift, und er gehört zum Standardrepertoire jedes Lebenshilferatgebers. Schlauer macht ihn das nicht. Stellen Sie sich vor, Sie würden ab heute nicht mehr die Zähne putzen, sich die Haare nicht mehr waschen, die Wohnung nicht mehr reinigen, die Arbeit liegen lassen, keine Rechnungen mehr bezahlen – Sie wären in Kürze arm, krank und vielleicht sogar im Gefängnis. Und doch drückt der Satz eine tiefe Sehnsucht aus, die Sehnsucht nach Unmittelbarkeit. Von allen lateinischen Mottos, die bis heute überlebt haben, ist »carpe diem« wohl das beliebteste: Genieße den Tag, in vollen Zügen, und kümmere dich nicht um morgen. Unmittelbarkeit ist uns sehr viel wert. Wie viel? Mehr, als rational begründbar ist.

Möchten Sie lieber 1.000 Euro in einem Jahr erhalten oder 1.100 Euro in einem Jahr und einem Monat? Wenn Sie so ticken wie die meisten Menschen, dann entscheiden Sie sich für die 1.100 Euro in 13 Monaten. Das macht Sinn, denn eine Verzinsung von 10 % pro Monat (oder 120 % pro Jahr) finden Sie sonst nirgends. Dieser Zins

entschädigt Sie bei Weitem für die Risiken, die Sie eingehen, wenn Sie einen Monat warten.

Zweite Frage: Möchten Sie lieber 1.000 Euro heute
erhalten oder 1.100 Euro in einem Monat? Wenn Sie so
ticken wie die meisten Menschen, dann entscheiden Sie
sich für die 1.000 Euro heute. Das ist erstaunlich. In beiden Fällen müssen Sie genau einen Monat ausharren und
erhalten dafür 100 Euro mehr. Im ersten Fall sagen Sie
sich: Wenn ich schon ein Jahr gewartet habe, dann kann
ich nun auch noch einen Monat länger warten. Im zweiten Fall nicht. Wir treffen also Entscheidungen, die – je
nach Zeithorizont – inkonsistent sind. Die Wissenschaft
nennt dieses Phänomen *Hyperbolic Discounting* (ein deutscher Ausdruck fehlt). Bedeutet: Unser »emotionaler Zinssatz« steigt an, je näher eine Entscheidung in der Gegenwart liegt.

Dass wir subjektiv mit unterschiedlichen Zinssätzen
rechnen, haben die wenigsten Ökonomen begriffen. Ihre
Modelle basieren auf konstanten Zinssätzen und sind
entsprechend unbrauchbar.

Hyperbolic Discounting, also die Tatsache, dass wir im
Bann der Unmittelbarkeit stehen, ist ein Überrest unserer
tierischen Vergangenheit. Tiere sind nicht bereit, heute
auf eine Belohnung zu verzichten, um in Zukunft mehr
Belohnung zu realisieren. Ratten kann man trainieren
so viel man will, sie werden niemals auf ein Stück Käse
verzichten, um morgen zwei Stück zu erhalten. (Aber
Eichhörnchen vergraben doch Nüsse, sagen Sie? – Reiner
Instinkt, hat mit Impulskontrolle erwiesenermaßen nichts
zu tun.)

Wie steht es bei Kindern? Walter Mischel hat in den 60er-Jahren einen berühmten Test zum Thema Belohnungsaufschub durchgeführt. Ein wunderbares Video ist auf YouTube unter dem Stichwort »Marshmallow-Test« zu finden. Dabei bekamen vierjährige Knirpse ein Marshmallow (Süßigkeit) vorgesetzt und wurden vor die Wahl gestellt, es entweder gleich zu essen oder ein zweites zu bekommen, wenn sie einige Minuten warten würden, ohne das erste Marshmallow zu essen. Erstaunlich: Nur die wenigsten Kinder konnten warten. Noch erstaunlicher: Mischel fand heraus, dass die Fähigkeit zum Belohnungsaufschub ein verlässlicher Indikator für späteren Karriereerfolg ist.

Je älter wir werden und je mehr Selbstkontrolle wir aufbauen, desto leichter gelingt es uns, Belohnungen aufzuschieben. Statt zwölf Monate warten wir gern 13, um zusätzliche 100 Euro zu kassieren. Doch wenn wir eine Belohnung heute haben könnten, muss der Anreiz sehr hoch sein, damit wir bereit sind, sie aufzuschieben. Der beste Beweis dafür sind die Wucherzinsen für Kreditkartenschulden und andere kurzfristige Konsumkredite.

Fazit: Die unmittelbare Belohnung ist unheimlich verführerisch – und *Hyperbolic Discounting* trotzdem ein Denkfehler. Je mehr Macht wir über unsere Impulse gewinnen, desto besser gelingt es uns, diesen Fehler zu vermeiden. Je weniger Macht wir über unsere Impulse haben – zum Beispiel unter dem Einfluss von Alkohol –, desto mehr verfallen wir ihm. Carpe diem ist eine gute Idee – einmal die Woche. Doch jeden Tag zu genießen, als wäre es der letzte, ist Schwachsinn.

NACHWORT

»In der Gemeinschaft ist es leicht, nach fremden Vorstellungen zu leben. In der Einsamkeit ist es leicht, nach eigenen Vorstellungen zu leben. Aber bemerkenswert ist nur der, der sich in der Gemeinschaft die Unabhängigkeit bewahrt.« (Ralph Waldo Emerson)

Es gibt eine *heiße* und eine *kalte* Theorie der Irrationalität. Die heiße Theorie ist uralt. Bei Platon findet sich dieses Bild: Der Reiter lenkt die wild galoppierenden Pferde. Der Reiter steht für die Vernunft, die galoppierenden Pferde für die Emotionen. Die Vernunft zähmt die Gefühle. Wenn das nicht gelingt, bricht die Unvernunft durch. Ein anderes Bild: Gefühle sind die brodelnde Lavamasse. Meistens kann die Vernunft sie unter dem Deckel halten. Doch ab und zu bricht die Lava der Irrationalität durch. Darum: *heiße* Irrationalität. Mit der Vernunft ist eigentlich alles in Ordnung, sie ist fehlerfrei, nur dass die Emotionen oft stärker sind.

Über Jahrhunderte brodelte diese heiße Theorie der Irrationalität. Bei Calvin sind die Gefühle das Böse, und nur die Konzentration auf Gott kann sie zurückdrängen. Menschen, aus denen die Lavamasse der Emotionen bricht, sind des Teufels. Sie wurden entsprechend gefoltert und umgebracht. Bei Freud werden die Gefühle (das Es) von Ich und Über-Ich kontrolliert. Doch das gelingt selten. Bei allem Zwang, bei aller Disziplin: Zu glauben, wir könnten unsere Emotionen restlos durch Denken kontrollieren, ist illusorisch – so illusorisch wie der Versuch, das Wachstum unserer Haare gedanklich zu steuern.

Die *kalte* Theorie der Irrationalität hingegen ist noch jung. Viele haben sich nach dem Krieg gefragt, wie die Irrationalität der Nazis zu erklären sei. Gefühlsausbrüche kamen in den Führungsrängen von Hitlers Regime kaum vor. Selbst seine eigenen, feurigen Reden waren nichts als schauspielerische Meisterleistungen. Keine Lavaausbrüche weit und breit, sondern eiskalte Entscheidungen führten in den nationalsozialistischen Irrsinn, und Ähnliches ließe sich von Stalin oder von den Roten Khmer sagen. Unfehlbare Rationalität? Offenbar doch nicht; etwas muss daran faul sein. In den 1960er-Jahren haben Psychologen begonnen, mit den unsinnigen Behauptungen von Freud aufzuräumen und unser Denken, Entscheiden und Handeln wissenschaftlich zu untersuchen. Das Ergebnis: eine *kalte* Theorie der Irrationalität, die besagt: Das Denken per se ist nicht rein, sondern fehleranfällig. Und zwar bei allen Menschen. Selbst Hochintelligente tappen immer wieder in dieselben Denkfallen. Und: Die Fehler sind nicht zufällig verteilt. Je nach Denkfehler laufen wir systematisch in eine ganz bestimmte Richtung falsch. Das macht unsere Fehler prognostizierbar, und damit zu einem gewissen Grad korrigierbar. Zu einem gewissen Grad – nicht vollständig.

Einige Jahrzehnte lang blieben die Ursprünge dieser Denkfehler im Dunkeln. Alles andere an unserem Körper funktioniert weitgehend fehlerfrei – das Herz, die Muskeln, die Atmung, das Immunsystem. Warum soll sich ausgerechnet das Hirn einen Lapsus nach dem andern leisten?

Denken ist ein biologisches Phänomen. Es ist genauso von der Evolution geformt wie die Körperformen von Tieren oder die Farben von Blüten. Angenommen, wir könnten 50.000 Jahre zurückgehen, einen beliebigen Vorfahren packen, ihn in unsere Gegenwart entführen, zum Friseur schicken und anschließend in Hugo-Boss-Klamotten stecken – er würde auf der Straße nicht auffallen. Natürlich, Deutsch müsste er lernen, Autofahren, den Mikrowellenherd bedienen, aber das mussten wir ja auch. Die Biologie hat jeden Zweifel ausgeräumt: Körperlich, und das schließt das Hirn mit ein, sind wir Jäger und Sammler in Hugo-Boss-Kleidern (oder H&M, je nachdem).

Was sich allerdings markant geändert hat seit damals, ist die Umgebung, in der wir leben. In Urzeiten war sie einfach und stabil. Wir lebten in Kleingruppen von ca. 50 Menschen. Es gab keinen nennenswerten technischen oder sozialen Fortschritt. Erst in den letzten 10.000 Jahren begann sich die Welt massiv zu verändern – Ackerbau, Viehzucht, Städte und der Welthandel kamen auf, und seit der Industrialisierung erinnert kaum mehr etwas an die Umwelt, für die unser Hirn optimiert ist. Wer heute eine Stunde durch ein Shoppingcenter schlendert, sieht mehr Menschen, als unsere Vorfahren während ihres ganzen Lebens gesehen haben. Wer heute zu wissen meint, wie die Welt in zehn Jahren aussehen wird, den lachen wir aus. In den letzten 10.000 Jahren haben wir eine Welt geschaffen, die wir nicht mehr verstehen. Wir haben alles raffinierter, aber auch komplexer und voneinander abhängiger gemacht. Das Ergebnis: erstaunlicher materieller Wohlstand, aber leider auch Zivilisationskrankheiten und, eben, Denkfehler. Nimmt die Komplexität weiterhin zu – und das wird sie, so viel lässt sich sagen –, werden diese Denkfehler häufiger und schwerwiegender.

Beispiel: In einer Jäger-und-Sammler-Umgebung zahlte sich Aktivität stärker aus als Nachdenken. Blitzschnelles Reagieren war überlebenswichtig, lange Grübeleien nachteilig. Wenn die Jäger-und-Sammler-Kumpels plötzlich davonrannten, machte es Sinn, ihnen nachzurennen – ohne nachzudenken, ob die wohl tatsächlich einen Säbelzahntiger gesehen hatten oder nur eine Wildsau. Ein Fehler erster Ordnung (es war ein gefährliches Tier und man rannte nicht davon) wurde mit dem Tod bezahlt, während der Fehler zweiter Ordnung (kein gefährliches Tier, aber man rannte davon) bloß ein paar Kalorien kostete. Es zahlte sich aus, in eine ganz bestimmte Richtung zu irren. Wer anders verdrahtet war, verschwand aus dem Genpool. Wir heutigen Homines sapientes sind die Nachfahren jener, die tendenziell den anderen nachrennen. Nur: Dieses intuitive Verhalten ist in der modernen Welt nachteilig. Die heutige Welt belohnt scharfes Nachdenken und unabhängiges Handeln. Wer einmal einem Börsenhype aufgesessen ist, weiß das.

Die evolutionäre Psychologie ist noch weitgehend eine Theorie, aber eine sehr überzeugende. Sie erklärt die meisten Denkfehler – wenn auch nicht alle. Nehmen wir folgende Aussage: »Jede Milka-Schokolade hat eine Kuh drauf. Also ist jede Schokolade, die eine Kuh drauf hat, eine Milka-Schokolade.« Dieser Fehler unterläuft selbst intelligenten Menschen ab und zu. Aber auch von der Zivilisation weitgehend unberührte Eingeborene fallen darauf rein. Und es gibt keinen Grund zu denken, dass ihn nicht schon unsere Jäger-und-Sammler-Vorfahren gemacht haben. Einige Fehler sind offenbar fest einprogrammiert und haben nichts mit der »Mutation« unserer Umwelt zu tun.

Wie erklärt sich das? Ganz einfach: Die Evolution »optimiert« uns nicht im absoluten Sinn. Solange wir besser sind als unsere Konkurrenten (zum Beispiel Neandertaler), verzeiht sie uns die Fehler. Seit Jahrmillionen legt der Kuckuck seine Eier ins Nest kleinerer Singvögel, und diese brüten sie aus, ja, ernähren die Kuckucksküken auch noch. Ein Verhaltensfehler, den die Evolution diesen Singvögeln (noch) nicht ausgetrieben hat – weil er offenbar nicht gravierend genug ist.

Eine zweite, parallele Erklärung, warum unsere Denkfehler so hartnäckig sind, kristallisierte sich Ende der 90er-Jahre heraus: Unsere Hirne sind auf Reproduktion ausgelegt und nicht auf Wahrheitsfindung. In anderen Worten: Wir brauchen unser Denken primär, um andere zu überzeugen. Wer andere überzeugt, sichert sich Macht und damit Zugang zu mehr Ressourcen. Dieser Ressourcenzugang wiederum ist ein entscheidender Vorteil bei der Paarung und Aufzucht der Nachkommen. Dass es uns beim Denken nicht primär um die Wahrheit geht, zeigt der Buchmarkt. Romane verkaufen sich viel besser als

Sachbücher, trotz des unendlich höheren Wahrheitsgehalts der Letzteren.

Eine dritte Erklärung schließlich besagt: Intuitive Entscheidungen – auch wenn sie nicht ganz rational sind – sind unter bestimmten Umständen besser. Damit befasst sich die sogenannte Heuristikforschung. Für viele Entscheidungen fehlen die nötigen Informationen, also sind wir gezwungen, Denkabkürzungen und Daumenregeln (Heuristiken) anzuwenden. Wenn Sie sich zum Beispiel zu verschiedenen Frauen hingezogen fühlen (oder Männern): Wen sollen Sie heiraten? Das geht nicht rational; verlassen Sie sich nur aufs Denken, bleiben Sie ewig Junggeselle. Kurzum, oft entscheiden wir intuitiv und begründen unsere Wahl nachträglich. Viele Entscheidungen (Job, Lebenspartner, Investment) fallen unbewusst. Sekundenbruchteile später konstruieren wir eine Begründung, was uns den Eindruck gibt, bewusst entschieden zu haben. Unser Denken ist eher vergleichbar mit einem Anwalt als mit einem Wissenschaftler, dem es um die reine Wahrheit geht. Anwälte sind gut darin, die bestmögliche Begründung für einen bereits festgelegten Schluss zu konstruieren.

Also: Vergessen Sie die »linke und rechte Gehirnhälfte«, wie sie in jedem semi-intelligenten Managementbuch beschrieben werden. Viel wichtiger ist der Unterschied zwischen dem intuitiven und dem rationalen Denken. Beide haben ihr legitimes Einsatzgebiet. Das intuitive Denken ist schnell, spontan und energiesparend. Das rationale Denken ist langsam, anstrengend und verbraucht viele Kalorien (in Form von Blutzucker).

Natürlich kann das Rationale ins Intuitive übergehen. Wenn Sie ein Instrument üben, lernen Sie Note für Note und befehlen jedem einzelnen Finger, was zu tun ist. Mit der Zeit haben Sie die Klaviatur oder die Saiten intuitiv im Griff: Sie sehen eine Partitur vor sich und die Hände spielen wie von selbst. Warren Buffett liest eine Bilanz, wie ein professioneller Musiker eine Partitur liest. Das ist es, was man »Circle of Competence« nennt: intuitives Verständnis oder auch Meisterschaft. Leider springt das intuitive Denken auch dort in die Gänge, wo wir es nicht zur Meisterschaft gebracht haben – und dies, bevor die pingelige Vernunft korrektiv eingreifen kann. Und dann passieren Denkfehler.

Weil die *kalte* Theorie der Irrationalität so jung ist, gibt es für die wenigsten Denkfehler einen gängigen deutschen Begriff. Ich habe daher meist den englischen gewählt und den deutschen – falls eine Übersetzung existiert oder möglich ist – in Klammern dazugesetzt.

Drei Bemerkungen zum Schluss: Erstens, die Liste der im vorliegenden Buch aufgeführten Denkfehler ist nicht vollständig.

Zweitens, es geht hier nicht um pathologische Störungen. Trotz dieser Denkfehler können wir den Alltag problemlos bestreiten. Ein CEO, der wegen eines Denkfehlers eine Milliarde in den Sand setzt, läuft nicht Gefahr, in eine Klinik eingewiesen zu werden. Es gibt kein Gesundheitssystem, nicht einmal ein Medikament, das ihn von diesem Fehler befreien könnte.

Drittens, die meisten Denkfehler hängen zusammen. Das sollte nicht überraschen, denn alles im Hirn ist vernetzt. Neuronale Projektionen führen von Hirnregion zu Hirnregion. Keine einzige Hirnregion steht für sich selbst.

Seit ich begonnen habe, Denkfehler zu sammeln und zu beschreiben, werde ich oft gefragt: »Herr Dobelli, wie schaffen Sie es, ohne Denkfehler zu leben?« Antwort: Ich schaffe es nicht. Genau genommen versuche ich es gar nicht. Denkfehler zu umgehen ist mit Aufwand verbunden. Ich habe mir die folgende Regel gesetzt: In Situationen, deren mögliche Konsequenzen groß sind (bei gewichtigen privaten oder geschäftlichen Entscheidungen), versuche ich, so vernünftig und rational wie möglich zu entscheiden. Ich zücke meine Liste der Denkfehler und gehe sie durch, eine um die andere, wie ein Pilot eine Checkliste benützt. Ich habe für mich einen handlichen Checklisten-Entscheidungsbaum entworfen, mit dem ich gewichtige Entscheidungen auf Herz und Nieren prüfen kann. In Situationen, deren Konsequenzen klein sind (bei Entscheidungen wie: BMW oder VW?) verzichte ich auf rationale Optimierung und lasse mich von meiner Intuition tragen. Klar zu denken ist aufwendig. Darum: Wenn der mögliche Schaden klein ist – zerbrechen Sie sich nicht den Kopf und lassen Sie die Fehler zu. Sie leben besser damit. Die Natur scheint sich nicht groß zu kümmern, ob unsere Entscheidungen perfekt sind oder nicht, solange wir uns einigermaßen sicher durchs Leben manövrieren – und solange wir aufpassen, wenn es um die Wurst geht.

ANHANG

Dank

Ich danke Nassim Nicholas Taleb für die Inspiration zu diesem Buch – auch wenn er mir angeraten hat, es unter keinen Umständen zu publizieren (»Schreib lieber Romane, Sachbücher sind unsexy«). Ich danke Koni Gebistorf, der die Texte mit Meisterschaft redigiert hat. Giuliano Musio danke ich für den orthografischen Schliff und Arnhild Walz-Rasilier für ihre ausgezeichneten Verbindungen zur Verlagswelt. Ohne den allwöchentlichen Druck, die eigenen Gedanken in ein lesbares Format zu gießen, gäbe es dieses Buch nicht. Ich danke Dr. Frank Schirrmacher, dass er die Kolumne in die *FAZ* geholt hat, und Martin Spieler, der ihr mit der *SonntagsZeitung* einen Hafen in der Schweiz zur Verfügung gestellt hat. Ich danke der Grafikerin Birgit Lang für die Illustrationen zu meinen Texten. Die Argusaugen der Redakteure Sebastian Ramspeck und Balz Spörri (beide *SonntagsZeitung*) und Dr. Hubert Spiegel (*FAZ*) haben Fehler und Unklarheiten ausgemerzt, bevor die Kolumne allwöchentlich in den Druck ging – herzlichen Dank. Für alles, was nach den unzähligen Schritten des Redigierens hier steht, trage allein ich die Verantwortung.

Die Illustratorin

Birgit Lang lebt und arbeitet in Hamburg. Sie studierte Textildesign an der FH Coburg und diplomierte nach einem einjährigen Aufenthalt in Toronto, Kanada. Sie zog daraufhin nach Hamburg, um dort ihr Diplom in Illustration an der HAW zu absolvieren. Seither illustriert sie für namhafte Zeitungen und Magazine wie *Die Zeit, The Globe and Mail* (Cnd), *SonntagsZeitung* (Ch), *Harvard Business Magazin, Brigitte Woman* u.a. Sie zeichnet außerdem für Kinderbücher, Theater- und Musikprojekte und Trickfilme. Ihre freien Arbeiten sind regelmäßig international in Ausstellungen zu sehen.

Aktuelle Informationen finden Sie unter:
www.birgitlang.de

Literatur

Zu fast jedem Denkfehler gibt es Hunderte von Studien. Ich habe mich hier auf die wichtigsten Zitate, technischen Referenzen, Leseempfehlungen und Kommentare beschränkt. Die Zitate habe ich in der Originalsprache belassen.

The Survivorship Bias

Dubben, Hans-Hermann; Beck-Bornholdt, Hans-Peter: *Der Hund, der Eier legt – Erkennen von Fehlinformation durch Querdenken,* rororo, 2006, S. 238.

Surviverhip Bias in Fonds und Finanzmarktindizes, siehe: Elton, Edwin J.; Gruber, Martin J.; Blake, Christopher R.: »Survivorship Bias and Mutual Fund Performance«, *The Review of Financial Studies* 9 (4), 1996.

Statistisch relevante Ergebnisse aus Zufall (self-selection), siehe: Ioannidis, John P. A.: »Why Most Published Research Findings Are False«, *PLoS Med* 2 (8), e124, 2005.

The Swimmer's Body Illusion

Taleb, Nassim Nicholas: *The Black Swan*, Random House, 2007, S. 109 f.

Die Überlegung zu Harvard in: Sowell, Thomas: *Economic Facts and Fallacies*, Basic Books, 2008, S. 105 ff.

Der Overconfidence-Effekt

Pallier, Gerry et al.: »The role of individual differences in the accuracy of confidence judgments«, *The Journal of General Psychology* 129 (3), 2002, S. 257 f.

Alpert, Marc; Raiffa, Howard: »A progress report on the training of probability assessors«, in: Kahneman, Daniel; Slovic, Paul; Tversky, Amos: *Judgment under uncertainty: Heuristics and biases*, Cambridge University Press, 1982, S. 294–305.

Hoffrage, Ulrich: »Overconfidence«, in: Pohl, Rüdiger: *Cognitive Illusions: a handbook on fallacies and biases in thinking, judgement and memory*, Psychology Press, 2004.

Gilovich, Thomas; Griffin, Dale; Kahneman, Daniel (Hrsg.): *Heuristics and biases: The psychology of intuitive judgment*, Cambridge University Press, 2002.

Vallone, R. P. et al.: »Overconfident predictions of future actions and outcomes by self and others«, *Journal of Personality and Social Psychology* 58, 1990, S. 582–592.

Siehe auch: Baumeister, Roy F.: *The Cultural Animal: Human Nature, Meaning, and Social Life*, Oxford University Press, 2005, S. 242.

Warum Overconfidence bei Männern für die Evolution wichtig war, siehe die interessante Hypothese bei: Baumeister, Roy F.: *Is there Anything Good About Men? How Cultures Flourish by Exploiting Men*, Oxford University Press, 2001, S. 211 ff.

Diskussion zur Overconfidence, insbesondere der Hypothese, dass ein inflationiertes Selbstimage der eigenen Gesundheit förderlich ist, siehe: Plous, Scott: *The Psychology of Judgment and Decision Making*, McGraw-Hill, 1993, S. 217 ff. und 253.

Social Proof

Cialdini, Robert B.: *Influence: The Psychology of Persuasion,* HarperCollins, 1998, S. 114 ff.

Asch, S. E.: »Effects of group pressure upon the modification and distortion of judgment«, in: Guetzkow, H. (Hrsg.): *Groups, leadership and men*, Carnegie Press, 1951.

Die künstlichen Lacher, siehe: Platow, Michael J. et al. (2005): »It's not funny if they're laughing: Self-categorization, social influence, and responses to canned laughter«, *Journal of Experimental Social Psychology* 41 (5), 2005, S. 542–550.

The Sunk Cost Fallacy

Zur Concorde, siehe: Weatherhead, P. J.: »Do Savannah Sparrows Commit the Concorde Fallacy?«, *Behavioral Ecology and Sociobiology* 5, 1979, S. 373–381.

Arkes, H. R.; Ayton, P.: »The Sunk Cost and Concorde effects: are humans less rational than lower animals?«, *Psychological Bulletin* 125, 1999, S. 591–600.

Die Reziprozität

Cialdini, Robert B.: *Influence: The Psychology of Persuasion*, HarperCollins, 1998, S. 17 ff.

Reziprozität als biologische Kooperation: siehe irgendein Biologie-Grundbuch seit 1990.

Theorie ursprünglich von Robert Trivers: Trivers, R. L. (1971). *The Evolution of Reciprocal Altruism*. The Quarterly Review of Biology 46 (1): 35–57.

Die evolutionärpsychologische Begründung der Reziprozität, siehe: Buss, David M.: *Evolutionary Psychology. The New Science of the Mind*, Pearson,

1999. Siehe auch: Baumeister, Roy F.: *The Cultural Animal: Human Nature, Meaning, and Social Life*, Oxford University Press, 2005.

The Confirmation Bias (Teil 1)

»What Keynes was reporting is that the human mind works a lot like the human egg. When one sperm gets into a human egg, there's an automatic shut-off device that bars any other sperm from getting in. The human mind tends strongly toward the same sort of result. And so, people tend to accumulate large mental holdings of fixed conclusions and attitudes that are not often reexamined or changed, even though there is plenty of good evidence that they are wrong.« (Munger, Charles T.: *Poor Charlie's Almanack*, Third Edition, Donning, 2008, S. 461 f.)

Taleb, Nassim Nicholas: *The Black Swan*, Random House, 2007, S. 58.

»Neue Informationen stören das Bild. Wenn man einmal zu einer Entscheidung gekommen ist, so ist man froh, der ganzen Unbestimmtheit und Unentschiedenheit der Vorentscheidungsphase entronnen zu sein.« (Dörner, Dietrich: *Die Logik des Misslingens. Strategisches Denken in komplexen Situationen*, Rowohlt, 2003, S. 147.

Zum Experiment mit der Zahlenreihe, siehe: Wason, Peter C.: »On the failure to eliminate hypotheses in a conceptual task«, *Quarterly Journal of Experimental Psychology* 12 (3), 1960, S. 129–140.

»Faced with the choice between changing one's mind and proving there is no need to do so, almost everyone gets busy on the proof.« (John Kenneth Galbraith)

The Confirmation Bias (Teil 2)

Stereotypisierung als Spezialfall des Confirmation Bias, siehe: Baumeister, Roy F.: *The Cultural Animal: Human Nature, Meaning, and Social Life*, Oxford University Press, 2005, S. 198 f.

The Authority Bias

Als »iatrogen« werden Krankheitsbilder und Schäden bezeichnet, die durch ärztliche Maßnahmen verursacht wurden. Zum Beispiel Aderlass.

Cialdini: Robert B.: *Influence: The Psychology of Persuasion*, HarperCollins, 1998, S. 208 ff.

Zum Track-Record der Ärzte vor 1900, siehe: Arkiha, Noga: *Passions and Tempers: A History of the Humours*, Harper Perennial, 2008.

Nach der Finanzkrise 2008 hat es zwei weitere unerwartete Ereignisse globalen Ausmaßes (Black Swans) gegeben: die Aufstände in den arabischen Ländern (2011) und die Tsunami-Atomreaktor-Katastrophe in Japan (2011).

Keine einzige von weltweit schätzungsweise 100.000 Polit- und Sicherheitsautoritäten hat diese beiden Events vorhergesehen. Grund genug, den Autoritäten zu misstrauen – besonders wenn es sich um »Experten« auf dem sozialen Gebiet (Modeströmungen, Politik, Ökonomie) handelt. Diese Leute sind nicht dumm. Sie haben einfach das Pech, dass sie eine Karriere gewählt haben, wo sie nicht gewinnen können. Es bleiben ihnen zwei Alternativen: a) zu sagen: »Ich weiß es nicht« (nicht die beste Wahl, wenn man eine Familie zu ernähren hat), oder b) die Schaumschlägerei.

Milgram, Stanley: *Obedience to Authority – An Experimental View*, HarperCollins, 1974. Es gibt auch eine DVD mit dem Titel *Obedience*, 1969.

Der Kontrasteffekt

Cialdini, Robert B.: *Influence: The Psychology of Persuasion*, HarperCollins, 1998, S. 11–16.

Charlie Munger nennt den Kontrasteffekt auch »Contrast Misreaction Tendency«. Siehe: Munger, Charles T.: *Poor Charlie's Almanack*, Third Edition, Donning, 2008, S. 448 und S. 483.

Dan Ariely nennt den Effekt »Relativitätsproblem«. Siehe: Ariely, Dan: *Predictably Irrational, Revised and Expanded Edition: The Hidden Forces That Shape Our Decisions*, Harper Perennial, 2010, Kapitel 1.

Das ursprüngliche Beispiel, dass man je nach Kontrast einen großen Weg auf sich nimmt, stammt von Kahneman/Tversky. Siehe: Kahneman, Daniel; Tversky, Amos: »Prospect Theory: An Analysis of Decision under Risk«, *Econometrica* 47 (2), März 1979.

The Availability Bias

»You see that again and again – that people have some information they can count well and they have other information much harder to count. So they make the decision based only on what they can count well. And they ignore much more important information because its quality in terms of numeracy is less – even though it's very important in terms of reaching the right cognitive result. We [at Berkshire] would rather be roughly right than precisely wrong. In other words, if something is terribly important, we'll guess at it rather than just make our judgment based on what happens to be easily accountable«. (Munger, Charles T.: *Poor Charlie's Almanack*, Third Edition, Donning, 2008, S. 486)

Der Availability Bias ist auch der Grund, warum sich Firmen beim Risikomanagement vorwiegend auf die Finanzmarktrisiken beschränken: Dort hat man Daten en masse. Bei den operativen Risiken hingegen hat man fast keine Daten. Sie sind nicht öffentlich. Man müsste sie sich von vielen

Firmen mühsam zusammenkratzen, und das ist teuer. Also stellt man Theorien auf mit dem Material, das leicht zu beschaffen ist.

»The medical literature shows that physicians are often prisoners of their first-hand experience: their refusal to accept even conclusive studies is legendary.« (Dawes, Robyn M.: *Everyday Irrationality: How Pseudo-Scientists, Lunatics, and the Rest of Us Systematically Fail to Think Rationally,* Westview Press, 2001, S. 102 ff.)

Das Vertrauen in die Qualität der eigenen Entscheidungen hängt allein von der Anzahl der getroffenen Entscheidungen (Vorhersagen) ab, egal wie genau oder ungenau die Entscheidungen (Vorhersagen) waren. Man kann es auch das zentrale »Consultant-Problem« bezeichnen. Siehe: Einhorn, Hillel J.; Hogarth, Robin M.: »Confidence in judgment: Persistence of the illusion of validity«, *Psychological Review* 85 (5), September 1978, S. 395–416.

Tversky, Amos; Kahneman, Daniel: »Availability: A heuristic for judging frequency and probability«, *Cognitive Psychology* 5, 1973, S. 207–232.

Die Es-wird-schlimmer-bevor-es-besser-kommt-Falle

Keine Referenzliteratur. Dieser Denkfehler ist selbsterklärend.

Story Bias

Dawes, Robyn M.: *Everyday Irrationality: How Pseudo-Scientists, Lunatics, and the Rest of Us Systematically Fail to Think Rationally,* Westview Press, 2001, S. 111 ff.

Turner, Mark: The Literary Mind: The Origins of Thought and Language, Oxford University Press, 1998.

Der Rückschaufehler

Zu Reagans Wahlsieg: Stacks, John F.: »Where the Polls Went Wrong«, *Time Magazine* 1/12/1980.

Fischoff, B.: »An early history of hindsight research«, *Social Cognition* 25, 2007, S. 10–13.

Blank, H.; Musch, J.; Pohl, R. F.: »Hindsight Bias: On Being Wise After the Event«, *Social Cognition* 25 (1), 2007, S. 1–9.

Das Chauffeur-Wissen

Die Geschichte mit Max Planck findet sich in: »Charlie Munger – USC School of Law Commencement – May 13, 2007«. Abgedruckt in: Munger, Charlie: *Poor Charlie's Almanack*, Donning, 2008, S. 436.

»Again, that is a very, very powerful idea. Every person is going to have a circle of competence. And it's going to be very hard to enlarge that circle. If I had to make my living as a musician ... I can't even think of a level low enough to describe where I would be sorted out to if music were the measuring standard of the civilization. So you have to figure out what your own aptitudes are. If you play games where other people have their aptitudes and you don't, you're going to lose. And that's as close to certain as any prediction that you can make. You have to figure out where you've got an edge. And you've got to play within your own circle of competence.« (Munger, Charlie: »A Lesson on Elementary Worldly Wisdom as It Relates to Investment Management and Business«, University of Southern California, 1994 in *Poor Charlie's Almanack*, Donning, 2008, S. 192)

Die Kontrollillusion

Das Beispiel mit den Giraffen aus Mayer, Christopher: »Illusion of Control – No One Can Control the Complexity and Mass of the U.S. Economy«, *Freeman – Ideas on Liberty* 51 (9), 2001.

Zum Würfeln im Kasino: Henslin, J. M.: »Craps and magic«, *American Journal of Sociology* 73, 1967, S. 316–330.

Plous, Scott: *The Psychology of Judgment and Decision Making*, McGraw-Hill, 1993, S. 171.

Der Psychologe Roy Baumeister hat nachgewiesen, dass Menschen mehr Schmerz tolerieren, wenn sie das Gefühl haben, sie würden eine Krankheit verstehen. Chronisch Kranke gehen viel besser mit ihrer Krankheit um, wenn der Arzt ihnen einen Namen für die Krankheit gibt und ihnen erklärt, was es mit der Krankheit auf sich hat. Das muss nicht einmal wahr sein. Der Effekt funktioniert selbst dort, wo es nachweislich kein Mittel gegen die Krankheit gibt. Siehe: Baumeister, Roy F.: *The Cultural Animal: Human Nature, Meaning, and Social Life,* Oxford University Press, 2005, S. 97 ff.

Das klassische Paper dazu: Rothbaum, Fred; Weisz, John R.; Snyder, Samuel S.: »Changing the world and changing the self: A two-process model of perceived control«, *Journal of Personality and Social Psychology* 42 (1), 1982, S. 5–37.

Jenkins, H. H.; Ward, W. C.: »Judgement of contingency between responses and outcomes«, *Psychological Monographs* 79 (1), 1965.

Zu den Placeboknöpfen gibt es diese vier Referenzen:

Lockton, Dan: »Placebo buttons, false affordances and habit-forming«, *Design with Intent*, 2008: http://architectures.danlockton.co.uk/2008/10/01/placebo-buttons-false-affordances-and-habit-forming/

Luo, Michael: »For Exercise in New York Futility, Push Button«, *New York Times*, 27.02.2004.

Paumgarten, Nick: »Up and Then Down – The lives of elevators«, *The New Yorker*, 21.04.2008.

Sandberg, Jared: »Employees Only Think They Control Thermostat«, *The Wall Street Journal*, 15.01.2003.

Die Incentive-Superresponse-Tendenz

Munger Charles T.: *Poor Charlie's Almanack*, Third Edition, Donning, 2008, S. 450 ff.

Die Geschichte mit den Fischen, ebenda S. 199.

»Perhaps the most important rule in management is: ›Get the incentives right.‹« (ebenda S. 451).

»Fear professional advice when it is especially good for the advisor.« (»The Psychology of Human Misjudgment«, in: ebenda S. 452).

Die Regression zur Mitte

Vorsicht: Die Regression zur Mitte ist kein kausaler Zusammenhang, sondern ein rein statistischer.

Kahneman: »I had the most satisfying Eureka experience of my career while attempting to teach flight instructors that praise is more effective than punishment for promoting skill-learning. When I had finished my enthusiastic speech, one of the most seasoned instructors in the audience raised his hand and made his own short speech, which began by conceding that positive reinforcement might be good for the birds, but went on to deny that it was optimal for flight cadets. He said, ›On many occasions I have praised flight cadets for clean execution of some aerobatic maneuver, and in general when they try it again, they do worse. On the other hand, I have often screamed at cadets for bad execution, and in general they do better the next time. So please don't tell us that reinforcement works and punishment does not, because the opposite is the case.‹ This was a joyous moment, in which I understood an important truth about the world.« (Quote: See Wikipedia entry *Regression Toward The Mean*)

Siehe auch: Frey, Ulrich; Frey, Johannes: *Fallstricke*, Beck, 2009, S. 169 ff.

Die Tragik der Allmende

Hardin, Garrett: »The Tragedy of the Commons«, *Science* 162, 1968, S. 1243–1248.

Siehe auch sein Buch zum Thema: Hardin, Garrett; Baden, John: *Managing the Commons*, San Francisco, 1977.

Die Wirtschaftsnobelpreisträgerin Elinor Ostrom sieht in ihrem Buch *Governing the Commons: The Evolution of Institutions for Collective Action* (deutsch: *Die Verfassung der Allmende*) die Tragik der Allmende nicht ganz so schwarz und weiß, wie sie Hardin sieht. Die Beteiligten können sich ja auch selbst organisieren. Dazu braucht es weder einen wohlwollenden Diktator noch Privatisierung. Selbstorganisation der Beteiligten genügt. Allerdings ist Selbstorganisation auch eine Art des »Managements«, wie es Hardin versteht. Ostrom steht somit nicht im Gegensatz zu Hardin.

The Outcome Bias

Die Geschichte mit den Affen, siehe: Malkiel, Burton Gordon: *A Random Walk Down Wall Street: The Time-tested Strategy for Successful Investing*, W. W. Norton, 1973.

Baron, J.; Hershey, J. C.: »Outcome bias in decision evaluation«, *Journal of Personality and Social Psychology* 54 (4), 1988, S. 569–579.

Falls Sie das Beispiel der Chirurgen nachrechnen möchten, nehmen Sie irgendein Statistikhandbuch und schlagen Sie das Kapitel »Ziehen aus einer Urne mit Zurücklegen« auf.

Siehe auch: Taleb, Nassim Nicholas: *Fooled by Randomness*, Second Edition, Random House, 2008, S. 154.

Zum Historikerirrtum, siehe auch: Fischer, David Hackett: *Historians' Fallacies: Toward a Logic of Historical Thought*, Harper Torchbooks, 1970, S. 209–213.

Das Auswahl-Paradox

Beide Videos von Barry Schwartz auf TED.com.

Schwartz, Barry: The Paradox of Choice: Why More Is Less, Harper, 2004

Die Probleme des Auswahl-Paradoxes sind noch gravierender als im Text dargestellt. Laborstudien haben bestätigt, dass das Entscheiden Energie verbraucht, die dann später fehlt, wenn man sich gegen emotionale Impulse zur Wehr setzen will. (Baumeister, Roy F.: *The Cultural Animal: Human Nature, Meaning, and Social Life*, Oxford University Press, 2005, S. 316 ff.)

Botti, S.; Orfali, K.; Iyengar, S. S.: »Tragic Choices: Autonomy and Emotional Response to Medical Decisions«, *Journal of Consumer Research* 36 (3), 2009, S. 337–352.

Iyengar, S. S.; Wells, R. E.; Schwartz, B.: »Doing Better but Feeling Worse:

Looking for the ›Best‹ Job Undermines Satisfaction«, *Psychological Science* 17 (2), 2006, S. 143–150.

»Letting people think they have some choice in the matter is a powerful tool for securing compliance.« (Baumeister, Roy F.: *The Cultural Animal: Human Nature, Meaning, and Social Life*, Oxford University Press, 2005, S. 323)

The Liking Bias

Girard, Joe: *How To Sell Anything To Anybody*, Fireside, 1977.

»We rarely find that people have good sense unless they agree with us.« (La Rochefoucauld)

Cialdini hat ein ganzes Kapitel dem Liking Bias gewidmet: Cialdini, Robert B.: *Influence: The Psychology of Persuasion,* HarperCollins, 1998, Kapitel 5.

Der Endowment-Effekt

Das Beispiel von Charlie Munger, siehe: Munger, Charles T.: *Poor Charlie's Almanack*, Third Edition, Donning, 2008, S. 479.

Ariely, Dan: *Predictably Irrational. The Hidden Forces that Shape Our Decisions*, HarperCollins, 2008, Chapter: »The High Price of Ownership«.

Kahneman, D.; Knetsch, Jack L.; Thaler, R.: »Experimental Test of the endowment effect and the Coase Theorem«, *Journal of Political Economy*, 98 (6), 1991, 1325–1348.

Carmon, Z.; Ariely, D.: »Focusing on the Forgone: How Value Can Appear So Different to Buyers and Sellers«, *Journal of Consumer Research*, Vol. 27, 2000.

»Cutting your losses is a good idea, but investors hate to take losses because, tax considerations aside, a loss taken is an acknowledgment of error. Loss-aversion combined with ego leads investors to gamble by clinging to their mistakes in the fond hope that some day the market will vindicate their judgment and make them whole.« (Bernstein, Peter L.: *Against the Gods – The Remarkable Story of Risk,* Wiley, 1996, S. 276 und S. 294)

»A loss has about two and a half times the impact of a gain of the same magnitude.« (Ferguson, Niall: *The Ascent of Money – A Financial History of the World*, Penguin Press, 2008, S. 345)

»Losing ten dollars is perceived as a more extreme outcome than gaining ten dollars. In a sense, you know you will be more unhappy about losing ten dollars than you would be happy about winning the same amount, and so you refuse, even through a statistician or accountant would approve of taking the bet.« (Baumeister, Roy F.: *The Cultural Animal:*

Human Nature, Meaning, and Social Life, Oxford University Press, 2005, S. 319 ff.)

Je mehr Arbeit wir für etwas investieren, desto stärker das Gefühl des Besitzes. Das wird auch IKEA-Effekt genannt.

IKEA Effect, siehe Dan Arielys Website: http://danariely.com/tag/ikea-effect/

Das Wunder

Die Geschichte mit der Explosion der Kirche in: Nichols, Luke: »Church explosion 60 years ago not forgotten«, *Beatrice Daily Sun*, 1. März 2010.

Siehe auch: Plous, Scott: *The Psychology of Judgment and Decision Making*, McGraw-Hill, 1993, S. 164.

Für eine gute Diskussion um Wunder, siehe: Bevelin, Peter: *Seeking Wisdom. From Darwin to Munger*, Post Scriptum, 2003, S. 145.

Groupthink

Janis, Irving L.: Groupthink: Psychological Studies of Policy Decisions and Fiascoes, Cengage Learning, 1982.

Wilcox, Clifton: *Groupthink*, Xlibris Corporation, 2010.

Eine Art Gegenteil von Groupthink ist *Schwarmintelligenz* (Surowiecki, James: *The Wisdom of the Crowds*, Doubleday, 2004). Und das geht so: »Die große Masse von durchschnittlichen Menschen (also kein Pool von Fachleuten) findet of erstaunlich richtige Lösungen – sie liegen allerdings auch mal grotesk daneben. Das hat schon Francis Galson [1907] in einem hübschen Experiment nachgewiesen: Er besuchte eine Viehausstellung, bei der ein Wettbewerb veranstaltet wurde, um das Gewicht eines Ochsen zu schätzen. Galton war der Meinung, dass die Messebesucher dazu nicht in der Lage seien, und beschloss, die fast 800 Schätzungen statistisch auszuwerten. Der Mittelwert aller Schätzungen (1.197 Pfund) kam aber dem tatsächlichen Gewicht des Ochsen (1.207 Pfund) erstaunlich nahe – Galtons Vorurteil war somit widerlegt.« (Jürgen Beetz: *Denken, Nach-Denken, Handeln: Triviale Einsichten, die niemand befolgt*, Alibri, 2010, S. 122)

Groupthink kommt zustande bei Interaktion der Teilnehmer. Schwarmintelligenz hingegen, wenn die Akteure unabhängig voneinander handeln (zum Beispiel eine Schätzung abgeben) – was immer seltener der Fall ist. Schwarmintelligenz ist kaum wissenschaftlich replizierbar.

The Neglect of Probability

Monat, Alan; Averill, James R.; Lazarus, Richard S.: »Anticipatory stress and coping reactions under various conditions of uncertainty«, *Journal of Personality and Social Psychology* 24 (2), November 1972, S. 237–253.

»Probabilities constitute a major human blind spot and hence a major focus for simplistic thought. Reality (especially social reality) is essentially probabilistic, but human thought prefers to treat it in simple, black-and-white categories.« (Baumeister, Roy F.: *The Cultural Animal: Human Nature, Meaning, and Social Life*, Oxford University Press, 2005, S. 206)

Weil wir kein intuitives Verständnis für Wahrscheinlichkeiten haben, haben wir auch kein intuitives Verständnis für Risiko. So braucht es immer wieder Börsencrashs, um unsichtbare Risiken sichtbar zu machen. Es hat erstaunlich lange gedauert, bis die Ökonomen dies verstanden haben. Siehe: Bernstein, Peter L.: *Against the Gods, The Remarkable Story of Risk*, Wiley, 1996, S. 247 ff.

Was viele Ökonomen und Anleger allerdings noch nicht begriffen haben: Volatilität ist ein schlechtes Maß für Risiko. Und doch verwenden sie es in ihren Bewertungsmodellen. »How can professors spread this nonsense that a stock's volatility is a measure of risk? I've been waiting for this craziness to end for decades.« (Munger, Charles T.: *Poor Charlie's Almanack*, Third Edition, Donning, 2008, S. 101)

Für eine komplette Diskussion, wie (falsch) wir Risiko wahrnehmen: Slovic, Paul: *The Perception of Risk*, Earthscan, 2000.

The Zero-Risk Bias

Rottenstreich, Y.; Hsee, C. K.: »Money, kisses, and electric shocks: on the affective psychology of risk«, *Psychological Science* 12, 2001, S. 185–190.

Siehe auch: Slovic, Paul et al.: »The Affect Heuristic«, in: Gilovich, Thomas; Griffin, Dale; Kahneman, Daniel: *Heuristics and Biases*, Cambridge University Press, 2002, S. 409.

An example is the Delaney clause of the Food and Drug Act of 1958, which stipulated a total ban on synthetic carcinogenic food additives.

Der Knappheitsirrtum

Cialdini, Robert B.: *Influence: The Psychology of Persuasion*, Collins, paperback edition, 2007, S. 237 ff.

Zu den Keksen, siehe: Worchel, Stephen; Lee, Jerry; Adewole, Akanbi: »Effects of supply and demand on ratings of object value«, *Journal of Personality and Social Psychology* 32 (5), November 1975, S. 906–991.

Zu den Postern, siehe: Baumeister, Roy F.: *The Cultural Animal: Human Nature, Meaning, and Social Life*, Oxford University Press, 2005, S. 102.

The Base-Rate Neglect

Das Beispiel mit dem Mozart-Fan, siehe: Baumeister, Roy F.: *The Cultural Animal: Human Nature, Meaning, and Social Life*, Oxford University Press, 2005, S. 206 f.

Kahneman, Daniel; Tversky, Amos: »On the psychology of prediction«, *Psychological Review* 80, 1973, S. 237–251.

Siehe auch: Gigerenzer, Gerd: *Das Einmaleins der Skepsis. Über den richtigen Umgang mit Zahlen und Risiken*, 2002.

Siehe auch: Plous, Scott: *The Psychology of Judgment and Decision Making*, McGraw-Hill, 1993, S. 115 ff.

Der Spielerfehlschluss

Der Spielerfehlschluss wird auch Monte-Carlo-Fehlschluss genannt. Das Beispiel von 1913 ist hier enthalten: Lehrer, Jonah: *How We Decide*, Houghton Mifflin Harcourt, 2009, S. 66.

Das Beispiel der IQs: Plous, Scott: *The Psychology of Judgment and Decision Making,* McGraw-Hill, 1993, S. 113.

Siehe auch: Gilovich, Thomas; Vallone, Robert; Tversky, Amos: »The Hot Hand in Basketball: On the Misperception of Random Sequences«, in: Gilovich, Thomas; Griffin, Dale; Kahneman, Daniel: *Heuristics and Biases*, Cambridge University Press, 2002, S. 601 ff.

Der Anker

Zu den Sozialversicherungsnummern und dem Glücksrad, siehe: Ariely, Dan: *Pedictibly Irrational*, HarperCollins, 2008, Chapter 2. Siehe auch: Tversky, Amos; Kahneman, Daniel: »Judgment under Uncertainty: Heuristics and Biases«, *Science* 185, 1974, S. 1124–1131.

Das Beispiel mit Luther in modifizierter Form, siehe: Epley, Nicholas; Gilovich, Thomas: »Putting Adjustment Back in the Anchoring and Adjustment Heuristic«, in: Gilovich, Thomas; Griffin, Dale; Kahneman, Daniel: *Heuristics and Biases*, Cambridge University Press, 2002, S. 139 ff.

Nochmals leicht modifiziert in: Frey, Ulrich; Frey, Johannes: *Fallstricke*, Beck, 2009, S. 40.

Zu Attila, siehe: Russo, J. E.; Shoemaker, P. J. H: *Decision Traps*, Simon & Schuster, 1989, S. 6.

Zur Preisschätzung der Häuser, siehe: Northcraft, Gregory B.; Neale, Margaret A.: »Experts, Amateurs, and Real Estate: An Anchoring-and-Adjustment Perspective on Property Pricing Decisions«, *Organizational Behavior and Human Decision Processes* 39, 1987, S. 84–97.

Anchoring in Verhandlungs- und Verkaufssituationen, siehe: Ritov, Ilana: »Anchoring in a simulated competitive market negotiation« *Organizational Behavior and Human Decision Processes* 67, 1996, 16–25. Reprinted in: Bazerman, M. H. (Hrsg.): *Negotiation, Decision Making, and Conflict Resolution*, Vol. 2, Edward Elgar Publishers, 2005.

Die Induktion

Das Beispiel mit der Gans bei Nassim Taleb in Form des Thanksgiving-Truthahns. Taleb hat das Beispiel von Bertrand Russell übernommen (Hähnchen), und dieser wiederum von David Hume. Taleb, Nassim Nicholas: *The Black Swan*, Random House, 2007, S. 40.

Induktion ist eines der großen Themen der Erkenntnisphilosophie: Wie können wir etwas über die Zukunft aussagen, wenn wir nichts anderes als die Vergangenheit haben? Antwort: Wir können es nicht. Jede Induktion ist immer mit Unsicherheit behaftet. Dasselbe mit Kausalität: Wir können nie wissen, ob etwas kausal aufeinanderfolgt, selbst wenn wir es eine Million Mal beobachtet haben. David Hume hat diese Themen im 18. Jahrhundert mit Brillanz behandelt.

Die Verlustaversion

Dass ein Verlust etwa doppelt so schwer wiegt wie ein Gewinn, siehe: Kahneman, Daniel; Tversky, Amos: »Prospect Theory: An Analysis of Decision under Risk«, *Econometrica* 47 (2), März 1979, S. 273.

Das Beispiel mit der Kampagne zur Früherkennung von Brustkrebs, siehe: Meyerowitz, Beth E.; Chaiken, Shelly: »The effect of message framing on breast self-examination attitudes, intentions, and behavior«, *Journal of Personality and Social Psychology* 52 (3), März 1987, S. 500–510.

Wir reagieren stärker auf negative Reize als auf positive. Siehe: Baumeister, Roy F.: *The Cultural Animal: Human Nature, Meaning, and Social Life*, Oxford University Press, 2005, S. 201 und S. 319.

Dass wir nicht die einzige Spezies mit Verlustaversion sind, beschreibt dieses Forschungspapier. Affen zeigen diesen Denkfehler auch: Silberberg, A. et al.: »On loss aversion in capuchin monkeys«, *Journal of the Experimental Analysis of Behavior* 89, 2008, S. 145–155.

Social Loafing

Kravitz, David A.; Martin, Barbara: »Ringelmann rediscovered: The original article«, *Journal of Personality and Social Psychology* 50 (5), 1986, S. 936–941.

Latané, B.; Williams, K. D.; Harkins, S.: »Many hands make light the work: The causes and consequences of social loafing«, *Journal of Personality and Social Psychology* 37 (6), 1979, S. 822–832.

Siehe auch: Plous, Scott: *The Psychology of Judgment and Decision Making*, McGraw-Hill, 1993, S. 193.

Zum Risky Shift, siehe: Pruitt, D.: »Choice shifts in group discussion: An introductory review«, *Journal of Personality and Social Psychology* 20 (3), 1971, S. 339–360 und Moscovici, S.; Zavalloni, M.: »The group as a polarizer of attitudes«, *Journal of Personality and Social Psychology* 12, 1969, S. 125–135.

Das exponentielle Wachstum

Das Beispiel mit den 30 Tagen: Munger, Charles T.: *Poor Charlie's Almanack*, Third Edition, Donning, 2008, S. 366.

Gute Beispiele zum exponentiellen Wachstum, siehe: Dörner, Dietrich: *Die Logik des Misslingens. Strategisches Denken in komplexen Situationen*, Rowohlt, 2003, S. 161 ff.

Siehe auch: Dubben, Hans-Hermann; Beck-Bornholdt, Hans-Peter: *Der Hund, der Eier legt. Erkennen von Fehlinformation durch Querdenken*, rororo, 2006, S. 120 ff.

Exponentielles Bevölkerungswachstum war auch das Thema der 1970er-Jahre, als die Verknappung der Ressourcen zum ersten Mal ins Blickfeld der Öffentlichkeit geriet. Siehe: Meadows, Donella H. et al.: *The Limits to Growth*, University Books, 1972. Die New Economy mit ihrem Glauben an Wachstum ohne Inflation und Ressourcenknappheit hat dieses Thema von Tisch gefegt. Seit der Rohstoffknappheit 2007 wissen wir, dass das Thema nicht vom Tisch ist. Ganz im Gegenteil. Die Weltbevölkerung wächst noch immer exponentiell.

The Winner's Curse

Der Klassiker zum Thema: Thaler, Richard: »The Winner's Curse«, *Journal of Economic Perspectives* 1, 1988.

Wenn es darum geht, den anderen auszustechen, siehe: Malhotra, Deepak: »The desire to win: The effects of competitive arousal on motivation and behavior«, *Organizational Behavior and Human Decision Processes* 111 (2), März 2010, S. 139–146.

Wie viel würden Sie für 100 Euro bezahlen? Beispiel von Plous, Scott: *The Psychology of Judgment and Decision Making*, McGraw-Hill, 1993, S. 248.

»Warren Buffett's rule for open-outcry auctions: don't go.« *Charlie Munger on the Psychology of Human Misjudgment*. Rede an der Harvard University, Juni 1995.

Der fundamentale Attributionsfehler

Der Stanford-Psychologe Lee Ross hat zum ersten Mal den fundamentalen Attributionsfehler beschrieben, siehe: Ross, L.: »The intuitive psychologist and his shortcomings: Distortions in the attribution process«, in: Berkowitz, L. (Hrsg.): *Advances in experimental social psychology* (vol. 10), Academic Press, 1977.

Das Experiment mit der Rede, siehe: Jones, E. E.; Harris, V. A.: »The attribution of attitudes«, *Journal of Experimental Social Psychology* 3, 1967, S. 1–24.

Siehe auch: Plous, Scott: *The Psychology of Judgment and Decision Making*, McGraw-Hill, 1993, S. 180 f.

Die falsche Kausalität

Dubben, Hans-Hermann; Beck-Bornholdt, Hans-Peter: *Der Hund, der Eier legt. Erkennen von Fehlinformation durch Querdenken*, rororo, 2006, S. 175 ff.

Das schöne Beispiel mit den Störchen, ebenda S. 181.

Bücher im Haushalt, siehe: National Endowment for the Arts: *To Read or Not To Read: A Question of National Consequence,* November 2007.

The Halo Effect

Das ultimative Buch für den Halo Effect in der Wirtschaft, von hier auch das Cisco-Beispiel: Rosenzweig, P.: *The Halo Effect: and the Eight Other Business Delusions That Deceive Managers*, Free Press, 2007.

Thorndike, E. L.: »A constant error on psychological rating«, *Journal of Applied Psychology* IV, 1920, S. 25–29.

Nisbett, Richard E.; Wilson, Timothy D.: »The halo effect: Evidence for unconscious alteration of judgments«, *Journal of Personality and Social Psychology* 35 (4), 1977, S. 250–256.

Die alternativen Pfade

Das Beispiel mit dem Russisch Roulette: Taleb, Nassim Nicholas: *Fooled By Randomness*, Random House, 2001, S. 23.

»It is hard to think of Alexander the Great or Julius Caesar as men who won only in the visible history, but who could have suffered defeat in others.

If we have heard of them, it is simply because they took considerable risks, along with thousands of others, and happened to win. They were intelligent, courageous, noble (at times), had the highest possible obtainable culture in their day – but so did thousands of others who live in the musty footnotes of history.« (Taleb, Nassim Nicholas: *Fooled by Randomness*, Random House, 2001, S. 34)

»My argument is that I can find you a security somewhere among the 40,000 available that went up twice that amount every year without fail. Should we put the social security money into it?« (ebenda S. 146)

Die Prognoseillusion

Tetlock, Philip E.: *How Accurate Are Your Pet Pundits?* Project Syndicate/ Institute for Human Sciences, 2006.

Koehler, Derek J.; Brenner, Lyle; Griffin, Dale: »The Calibration of Expert Judgment. Heuristics and biases beyond the laboratory «, in: Gilovich, Dale Griffin and Daniel Kahneman (Hrsg.): *Heuristics and Biases. The Psychology of Intuitive Judgment*, Cambridge University Press, 2002, S. 686.

»The only function of economic forecasting is to make astrology look respectable.« (John Kenneth Galbraith, http://news.bbc.co.uk/2/hi/business/4960280.stm)

Der Prognose-Spruch von Tony Blair in: Buehler, Roger; Griffin, Dale; Ross, Michael: »Inside the planning fallacy: The causes and consequences of optimistic time predictions«, in: Gilovich, Thomas; Griffin, Dale; Kahneman, Daniel (Hrsg.): *Heuristics and biases: The psychology of intuitive judgment*, Cambridge University Press, 2002, S. 270.

»There have been as many plagues as wars in history, yet always plagues and wars take people equally by surprise.« (Albert Camus, *The Plague*)

»I don't read economic forecasts. I don't read the funny papers.« (Warren Buffett)

Harvard-Professor Theodore Levitt: »It's easy to be a prophet. You make twenty-five predictions and the ones that come true are the ones you talk about.« (Bevelin, Peter: *Seeking Wisdom. From Darwin to Munger*, Post Scriptum, 2003, S. 145)

»There are 60,000 economists in the U.S., many of them employed full-time trying to forecast recessions and interest rates, and if they could do it successfully twice in a row, they'd all be millionaires by now … as far as I know, most of them are still gainfully employed, which ought to tell us something.« (Lynch, Peter: *One Up On Wall Street,* Simon Schuster, 2000)

Und weil dieser Satz so knackig war, hier gleich noch ein Zitat aus dem gleichen Buch: »Thousands of experts study overbought indicators, oversold indicators, head-and-shoulder patterns, put-call ratios, the Fed's

policy on money supply, foreign investment, the movement of the cons-
tellations through the heavens, and the moss on oak trees, and they can't
predict markets with any useful consistency, any more than the gizzard
squeezers could tell the Roman emperors when the Huns would attack.«
(ebenda)

Börsenanalysten sind besonders gut im Nachhinein-Prognostizieren: »The
analysts and the brokers. They don't know anything. Why do they always
downgrade stocks after the bad earnings come out? Where's the guy that
downgrades them before the bad earnings come out? That's the smart
guy. But I don't know any of them. They're rare, they're very rare. They're
rarer than Jesse Jackson at a Klan meeting.« (Perkins, Marc: 2000
TheStreet.com)

The Conjunction Fallacy

Die Geschichte mit Klaus ist eine modifizierte Variante der sogenannten
»Linda-Geschichte« bei Tversky und Kahneman: Tversky, Amos; Kahneman, Daniel: »Extension versus intuitive reasoning: The conjunction fallacy in probability judgment«, *Psychological Review* 90 (4), Oktober 1983,
S. 293–331 . Die Conjunction Fallacy wird deshalb auch »Linda-Problem«
genannt.

Das Beispiel mit dem Ölverbrauch ist ein bisschen modifiziert und verein-
facht. Das Originalbeispiel hier: Tversky, Amos; Kahneman, Daniel: »Ex-
tensional versus intuitive reasoning: The conjunction fallacy in probability
judgment«, *Psychological Review* 90 (4), Oktober 1983, S. 293–315.

Zu den beiden Arten des Denkens – intuitiv vs. rational bzw. System 1 vs.
System 2, siehe: Kahneman, Daniel: »A perspective on judgement and
choice«, *American Psychologist* 58, 2003, S. 697-720.

Framing

Tversky, Amos; Kahneman, Daniel: »The Framing of Decisions and the Psychology of Choice«, *Science, New Series,* Vol. 211, 1981, S. 453-458.

Der Framing-Effekt in der Medizin, siehe: Dawes, Robyn M.: *Everyday Irrationality: How Pseudo-Scientists, Lunatics, and the Rest of Us Systematically Fail to Think Rationally*, Westview Press, 2001, S. 3 ff.

Shepherd, R. et al.: »The effects of information on sensory ratings and pre-
ferences: The importance of attitudes«, *Food Quality and Preference* 3 (3),
1991-1992, S. 147-155.

The Action Bias

Bar-Eli, Michael et al.: »Action Bias among Elite Soccer Goalkeepers: The Case of Penalty Kicks«, Journal of Economic Psychology 28 (5), 2007, S. 606-621.

Warren Buffett verweigert sich erfolgreich dem Action Bias: »We don't get paid for *activity*, just for being *right*. As to how long we'll *wait*, we'll wait *indefinitely*.« (Buffett, Warren: Berkshire Hathaway Annual Meeting 1998)

»The stock market is a no-called-strike game. You don't have to swing at everything – you can wait for your pitch. The problem when you're a money manager is that your fans keep yelling, ›Swing, you bum!‹« (Buffett, Warren: Berkshire Hathaway Annual Meeting 1999)

»It takes character to sit there with all that cash and do nothing. I didn't get to where I am by going after mediocre opportunities.« (Munger, Charlie: *Poor Charlie's Almanack*, Third Edition, Donning, 2008, S. 61)

»Charlie realizes that it is difficult to find something that is really good. So, if you say ›No‹ ninety percent of the time, you're not missing much in the world.« (ebenda S. 99)

»There are huge advantages for an individual to get into a position where you make a few great investments and just sit on your ass: You're paying less to brokers. You're listening to less nonsense.« (ebenda S. 209)

The Omission Bias

Baron, Jonathan: *Thinking and Deciding*, Cambridge University Press, 1988, 1994, 2000.

Asch, D. A. et al.: »Omission bias and pertussis vaccination«, *Medical Decision Making* 14, 1994, S. 118-124.

Baron, Jonathan; Ritov, Ilana: »Omission bias, individual differences, and normality«, *Organizational Behavior and Human Decision Processes* 94, 2004, S. 74-85.

Siehe auch: »Der Unterlassungseffekt«, Kapitel aus der Dissertation: Schweizer, Mark: *Kognitive Täuschungen vor Gericht*, Zürich, 2005.

The Self-Serving Bias

Schlenker, B. R.; Miller, R. S.: »Egocentrism in groups: Self-serving biases or logical information processing?«, *Journal of Personality and Social Psychology* 35, 1977, S. 755-764.

Miller, D. T.; Ross, M.: »Self-serving biases in the attribution of causality: Fact or fiction?«, *Psychological Bulletin* 82, 1975, S. 213-225.

Arkin, R. M.; Maruyama, G. M.: »Attribution, affect and college exam performance«, *Journal of Educational Psychology* 71, 1979, S. 85–93.

Baumeister, Roy F.: *The Cultural Animal: Human Nature, Meaning, and Social Life*, Oxford University Press, 2005, S. 215 ff.

»Of course you also want to get the self-serving bias out of your mental routines. Thinking that what's good for you is good for the wider civilization, and rationalizing foolish or evil conduct, based on your subconscious tendency to serve yourself, is a terrible way to think.« (Munger, Charles T.: *Poor Charlie's Almanack*, Third Edition, Donning, 2008, S. 432)

Der Versuch mit den Schulnoten, siehe: Johnson, Joel T. et al.: »The ›Barnum effect‹ revisited: Cognitive and motivational factors in the acceptance of personality descriptions«, *Journal of Personality and Social Psychology* 49 (5), November 1985, S. 1378–1391.

Zu den Schulnoten, siehe auch das Video: Ariely, Dan: *Why we think it's OK to cheat and steal (sometimes)* auf TED.com.

Ross, M.; Sicoly, F.: »Egocentric biases in availability and attribution«, *Journal of Personality and Social Psychology* 37, 1979, S. 322–336.

The Hedonic Treadmill

Taleb, Nassim Nicholas: *The Black Swan*, Random House, 2007, S. 91.

Gilbert, Daniel T. et al.: »Immune neglect: A source of durability bias in affective forecasting«, *Journal of Personality and Social Psychology* 75 (3), 1998, S. 617–638.

Gilbert, Daniel T.; Ebert, Jane E. J.: »Decisions and Revisions: The Affective Forecasting of Changeable Outcomes«, *Journal of Personality and Social Psychology* 82 (4), 2002, S. 503–514.

Gilbert, Daniel T.: *Stumbling on happiness*, Alfred A. Knopf, 2006.

Gilbert, Daniel T.: *Why are we happy?*, (Video) auf TED.com.

Frey, Bruno S.; Stutzer, Alois: Happiness and Economics: How the Economy and Institutions Affect Human Well-Being, Princeton, 2001.

Die Studie zu den Brustimplantaten hat es – dem Thema entsprechend – in Windeseile in viele Lifestyle-Publikationen geschafft. Die Stichprobe (112 Frauen) ist allerdings recht bescheiden. Siehe: Young, V. L.; Nemecek, J. R., Nemecek, D. A.: »The efficacy of breast augmentation: breast size increase, patient satisfaction, and psychological effects«, *Plastic and Reconstructive Surgery* 94 (7), Dezember 1994, S. 958–969.

The Self-Selection Bias

»A more deliberate form of self selection bias often occurs in measuring the performance of investment managers. Typically, a number of funds are set up that are initially incubated: kept closed to the public until they have a track record. Those that are successful are marketed to the public, while those that are not successful remain in incubation until they are. In addition, persistently unsuccessful funds (whether in an incubator or not) are often closed, creating survivorship bias. This is all the more effective because of the tendency of investors to pick funds from the top of the league tables regardless of the performance of the manager's other funds.« (Zitiert aus Moneyterms.co.uk)

»It is not uncommon for someone watching a tennis game on television to be bombarded by advertisements for funds that did (until that minute) outperform other by some percentage over some period. But, again, why would anybody advertise if he didn't happen to outperform the market? There is a high probability of the investment coming to you if its success is caused entirely by randomness. This phenomenon is what economists and insurance people call adverse selection.« (Taleb, Nassim Nicholas: *Fooled by Randomness*, Second Edition, Random House, 2008, S. 158)

»Gibt es in der Natur vielleicht Dinge und Ereignisse, von denen wir nie etwas erfahren, weil sie unser Gehirn nicht bewältigt?« (Vollmer, Gerhard: *Evolutionäre Erkenntnistheorie*, Hirzel, 2002, S. 135)

»Der Erkenntnisapparat muss nicht perfekt sein. Dass er nicht ideal sein muss, zeigt auch der Vergleich mit Tieren, die ja auch überleben, obwohl ihr Erkenntnisapparat weit weniger gut arbeitet.« (ebenda S. 137)

The Association Bias

Die Geschichte mit dem Gasleck siehe: Baumeister, Roy F.: *The Cultural Animal: Human Nature, Meaning, and Social Life*, Oxford University Press, 2005, S. 280.

Buffett will die schlechten Nachrichten hören, und zwar ohne Umschweife. Die guten Meldungen können warten. Siehe: Munger, Charles T.: *Poor Charlie's Almanack*, Third Edition, Donning, 2008, S. 472.

»Don't shoot the messenger« kommt erstmals bei Shakespeare vor, und zwar in *Henry IV*, Teil 2, 1598.

In vielen Staaten, unter anderem im Neuengland des 18. Jahrhunderts, gab es den Job als »Town Crier« (Stadtschreier). Seine Aufgabe bestand darin, oftmals schlechte Nachrichten zu verbreiten – zum Beispiel Steuererhöhungen. Um dem »Kill-the-messenger-Syndrom« Herr zu werden, verabschiedeten die Städte Gesetze (vermutlich wieder vom Stadtschreier verlesen), die Verletzungen oder Beschimpfungen des Stadtschreiers mit der höchsten Strafe ahndeten. Heute sind wir nicht mehr so zivilisiert. Wir stecken die lautesten »Schreier« kurzum ins Gefängnis – siehe Julian Assange, Gründer von Wikileaks.

Das Anfängerglück

Taleb, Nassim Nicholas: *The Black Swan*, Random House, 2007, S. 109.

Die kognitive Dissonanz

Plous, Scott: *The Psychology of Judgment and Decision Making*, McGraw-Hill, 1993, S. 22 ff.

Das Klassiker-Paper zur kognitiven Dissonanz: Festinger, Leon; Carlsmith, James M.: »Cognitive Consequences of Forced Compliance«, *Journal of Abnormal and Social Psychology* 58, 1959.

Elster, Jon: *Sour Grapes: Studies in the Subversion of Rationality*, Cambridge University Press, 1983, S. 123 ff.

Eine der Stärken des Investors George Soros ist laut Taleb die komplette Absenz von kognitiver Dissonanz. Soros kann seine Meinung von einer Sekunde auf die andere ändern – ohne das geringste Gefühl von Peinlichkeit. Siehe: Taleb, Nassim Nicholas: *Fooled by Randomness*, Second Edition, Random House, 2008, S. 239.

The Hyperbolic Discounting

Es gibt eine Reihe von Forschungsberichten zum Hyperbolic Discounting. Das erste Forschungspapier: Thaler, R. H.: »Some Empirical Evidence on Dynamic Inconsistency«, *Economic Letters* 8, 1981, S. 201–207.

Zum Marshmallow-Test, siehe: Shoda, Yuichi; Mischel, Walter; Peake, Philip K.: »Predicting Adolescent Cognitive and Self-Regulatory Competencies from Preschool Delay of Gratification: Identifying Diagnostic Conditions«, *Developmental Psychology* 26 (6), 1990, S. 978–986.

Siehe dazu auch ein hervorragender Artikel im *New Yorker*: Lehrer, Jonah: »Don't! The secret of self-control«, 18. Mai 2009.

»The ability to delay gratification is very adaptive and rational, but sometimes it fails and people grab for immediate satisfaction. The effect of the immediacy resembles the certainty effect: … underneath the sophisticated thinking process of the cultural animal there still lurk the simpler needs and inclinations of the social animals. Sometimes they win out.« (Baumeister, Roy F.: *The Cultural Animal: Human Nature, Meaning, and Social Life*, Oxford University Press, 2005, S. 320 f)

Wie steht es bei ganz langen Zeiträumen? Angenommen, Sie führen ein Restaurant, und ein Gast schlägt Ihnen vor, die Rechnung von 100 Euro nicht heute zu begleichen, sondern Ihnen in 30 Jahren 1.700 Euro zu überweisen – was einem schönen Zinssatz von 10 % entspricht. Würden Sie darauf einsteigen? Wohl kaum. Wer weiß schon, was in 30 Jahren ist. Haben Sie nun einen Denkfehler begangen? Nein. Im Gegensatz zum

Hyperbolic Discounting sind höhere Zinssätze bei großen Zeiträumen durchaus angebracht. In der Schweiz stand (vor Fukushima) der Plan zum Bau eines AKWs mit einem Payback von 30 Jahren zur Debatte. Ein idiotischer Plan. Wer weiß, was in diesen 30 Jahren an neuen Technologien auf den Markt kommt. Ein Payback von zehn Jahren wäre zu begründen, aber nicht 30 Jahre – dies mal ganz abgesehen von den Risiken.

Stimmen zum Buch

»Rolf Dobelli ist sowohl mit Sachkenntnis als auch Erfindungsgabe geseg-net – eine seit Ende der Renaissance seltene Kombination.«

Nassim Nicholas Taleb, Autor von »Der Schwarze Schwan«

»*Die Kunst des klaren Denkens* bietet einen erfrischenden Perspektiven-wechsel. Rolf Dobelli liefert Denkanstöße und schreibt Klartext – geistreich, amüsant, brillant.«

Dr. Christoph Franz, Vorsitzender des Vorstandes, Deutsche Lufthansa AG

»Dieses Buch gehört in die Aktentasche aller CEOs.«

Ton Büchner, CEO AkzoNobel

»Muss man dieses Buch lesen? Unbedingt. Denn es ist äußerst unterhalt-sam und führt grundseriös in das Wesen des menschlichen Denkens ein.«

Prof. Dr. h.c. Roland Berger, Gründer und Honorary Chairman von Roland Berger Strategy Consultants

»Ein Feuerwerk an Erkenntnis! Rolf Dobelli beschreibt brillant, dass der Schlüssel zum Erfolg im klaren Denken liegt. Wer nicht ständig über Denk-fallen stolpern will, muss dieses Buch lesen.«

Prof. Iris Bohnet, Harvard

»Dieses Buch wird Ihr Denken verändern.«

Prof. Dan Goldstein, London Business School and Yahoo! Research in New York

»Eine kurzweilige Lektüre mit Tiefgang – danach werden Sie Ihre Denkfehler besser verstehen.«

Ried Cadonau, CEO Kaba Gruppe

»Dobelli ist ein begnadeter Autor, dem es gelingt, schwer verdauliche wis-senschaftliche Studien leicht und spannend zu präsentieren, ohne dabei die intellektuelle Aussagekraft zu verlieren. Eine amüsante Lektüre mit Tief-gang – künftig werden Sie Ihre Denkfehler besser verstehen.«

Martin Spieler, Chefredakteur Sonntagszeitung

»Dieses Buch ist ein Genuss ohne Reue: hochaktuell, wissenschaftlich fundiert und glänzend geschrieben.«

Claudio Feser, CEO McKinsey Schweiz

»Die Kunst des klaren Denkens ist eine Waffe gegen seichtes Handeln. Ein Glücksfall, dass es dieses Buch gibt.«

Andreas Meyer, CEO Schweizerische Bundesbahnen SBB